はじめに

　この一冊を読み込めば、中学受験で出される日本地理をすべて学べる——そんなつもりで本書を執筆しました。

　地理の学習にはデータの活用が欠かせません。本番直前期に単語やデータを丸暗記して追い込むというのは、昔の受験戦略です。現代の受験は、ある程度知識を身につけた上で、活用できるかどうかが問われています。だから、豊富なデータを取り入れ、その分析方法や着目するべきポイントを示すようにしました。

　本書は多くの受験生に地理の本格的な学習に使われているようで、順調に版を重ねてまいりました。このたび、改訂版を刊行することになり、最新のトレンド、データを踏まえて執筆しました。

　ただデータをまとめている参考書ではありません。

　まず大事なのは、データの読み取り方を学ぶことです。順位を暗記するだけでは、変化が起こった時にまた一から覚えなければなりません。それに入試問題を解く時は丸暗記ではなく、自分の知識を活用して、普段目にしないデータを分析していく必要があります。

　でも、実は着目するポイントは多くありません。データを覚えるのではなく、どこに注目するとよいのかを知ると実戦力が身につきます。

　次に大事なのは、この本を通じて先人の知恵や工夫を学ぶことです。「いかに儲けるのか」という視点を持つことで、中学受験の記述問題や考えさせる問題にも対応しやすくなるのです。

　逆にうまくいかなかったことを知るのも大事な学びです。そこから将来のあり方を考えることにもつなげられます。

二度の石油危機のあと、遠洋漁業は衰退し、石油に依存する社会は危険だと考えられました。そこで養殖業がさかんになったり、原子力発電の割合を増やしていったり、社会は変革しました。

　しかし、魚のえさによって海が汚れてしまったり、東日本大震災で原子力発電所の危険性が広く知れ渡ったりしました。太陽光発電や風力発電のような自然エネルギーは環境にやさしいので評価されてきましたが、発電量が安定しなかったり、発電のためにコストがかかりすぎたり、景観が損なわれてしまうといった問題も見えてきました。物事にはよい面、悪い面どちらもあるものです。ただ言葉を暗記するのではなく、何が起こって世の中がどう変化したのか、どういったよい面と悪い面があるのかを学ぶことで、思考力が身につくと考えます。

　社会は大きく変化します。昔のやり方がよいと言っても、取り残されてしまうことばかりです。『改訂版 合格する地理の授業 日本の産業編』の学習を通じて、人々の知恵や工夫を学び、時代の変化にどうやって対応してきたのかを知りましょう。そういう視野を持って学ぶことで、受験に必要な知識を身につけるだけではなく、社会的視座を持った子に育ってもらえたら嬉しいです。

中学受験専門塾ジーニアス

松本亘正

本書の使い方

　本書は、中学受験専門塾ジーニアスの授業を再現し、中学受験に合格するための「社会・地理【日本の産業編】」の力をつけてもらう本です。日本の各産業がどう発展してきたかをわかりやすく理解できるのはもちろん、高校受験、大学受験を目指す中高生や、大人の学び直しとしても大いに役立ちます。

　1970 年代には米が余りすぎたために、減反政策（げんたん）が始まりました。
　これは、米をつくる量を減らそうというものです。国は**米から小麦や大豆といった別のものをつくる**転作や、作物をつくらない休耕を進めました。

> 入試でよく出る**重要な箇所は太いゴシック文字**になっています。さらに、**覚えるべき用語は波線が引かれた赤文字**で表記しています。付属の赤シートを使って隠して読むことで、暗記に役立てることもできます。

難関中学の過去問トライ！

下の表は、生乳処理量（工場で殺菌などの処理をされた量）の内訳を、北海道と関東で比較したものです。生乳処理量に関して述べた文として、ふさわしくないものを1つ選び、記号で答えなさい。

		北海道	関東
生乳処理量		3,449,089t	1,343,075t
内訳	牛乳等向け	548,156t	1,233,870t
	乳製品向け	2,878,104t	98,644t
	その他	22,829t	10,561t

（農林水産省 平成29年牛乳乳製品統計より作成）

ア　北海道は東京都などの大消費地から遠いため、牛乳等向けの生乳処理量は少ない。

イ　北海道では日持ちのする乳製品向けの生乳処理量が多い。

ウ　北海道ではおみやげ品として、多くの生乳がチーズなどの乳製品に加工される。

エ　北海道には安い外国製の牛乳が入ってくるので、牛乳等向けの生乳処理量が少ない。

（女子学院中）

> 本文中の要所要所に難関校の入試問題があります。立ち止まって考えてみてから、その後の解説と解答例をしっかり確認しましょう。
> ※とくに断りのない限り、入試問題の解答例は、公表されたものではありません。

中学受験 「だから、そうなのか！」とガツンとわかる

改訂版 合格する地理の授業 日本の産業編

もくじ

1章 農業①米・麦・大豆

米

麦・豆・いも類

2章 農業②野菜・果物

野菜

果物 39

3章 農業③畜産・これからの農業

畜産 50

農業の工夫と自給率 57

4章 林業・水産業

5章 資源・発電

6章 工業の種類

7章 工業地帯と工業地域

8章　さまざまな工業と公害

9章　貿易

※統計資料は主に『日本国勢図会 2023/24』『日本のすがた 2023』（矢野恒太記念会）をもとにしています。

編集協力：星野友絵（silas consulting）
イラスト：吉村堂（アスラン編集スタジオ）
装丁：井上新八
本文デザイン・DTP：伊延あづさ・佐藤純（アスラン編集スタジオ）

1章 農業①米・麦・大豆

　第1章は、米・麦・大豆の学習です。日本人の主食である米の消費量は減り、今や農業産出額を見ても、畜産、野菜に次いで3位まで落ちています。食生活が洋風化・多様化したことにより、米の消費量が減少したからです。

　また、小麦や大豆はその多くを外国からの輸入に頼っていますが、感染症や戦争などの影響で、外国との往来や貿易が制限されることもあります。現在、外国から輸入できていても、今後も安心とは言えません。

　私たちが学ぶのは、単なる知識ではなく、工夫して生産力を高めようとしてきた知恵や努力です。

　たとえば、東北地方の太平洋側は冷たい風であるやませが吹きつける自然環境に耐える工夫として、寒さに強い「ひとめぼれ」が多く栽培されるようになりました。

　また北海道では、雨が少なく乾燥していて広大な土地があるという自然環境を生かして、小麦の生産に力を入れています。鹿児島県は水はけのよいシラス台地が広がっているので、稲作には向きません。だからこそ、そんな土地でもよく育つさつまいもが栽培されてきました。「なぜ、この作物はその地域で生産がさかんなのだろう？」ということを考えながら学習を進めていきましょう。

米

みなさんの家で食べるお米の銘柄(名前)は何ですか?「コシヒカリ」や「あきたこまち」などでしょうか。わからないという人はすぐにキッチンに行って調べてみましょう。日常生活と勉強をつなげることで、社会科も得意になっていきます。ちなみに、私がよく食べるのは山形県の「つや姫」です。

食生活の洋風化で米の消費量が激減

これから、「農業」に関する授業を始めます。

本書では、ところどころでみなさんに質問をして、考えてもらう場面が出てきます。そのまま読み進めていいところもありますが、「考えてみよう」と投げかけたところでは、一度立ち止まって「どうしてかな?」と考えてみるようにしてみてくださいね。

さて、まずは日本人の主食である米について解説します。

主食とは何でしょうか? 読んで字のごとく「主に食べるもの」、言いかえれば食事の中心となるものです。

たとえば、「今日の朝食はお米かな? お米以外のものかな?」と塾の授業でアンケートをとると、だいたい半分の生徒が米、残りの半分の生徒がパンやコーンフレークに手を挙げます。中には、「何も食べていません!」

と元気よく答える人もいますが、朝ごはんはしっかり食べましょうね。

　もし、タイムスリップして50年前や60年前の日本人に同じ質問をしたらどうでしょうか。きっと、ほとんどの人が「米を食べた」と言うでしょう。

　昔の日本では、パンを食べる人は、あまり多くなかったのです。

　現代では、主食としてパンを食べたり、パスタを食べたり…と、**食生活が洋風化してきています。**これが、戦後から少しずつ変わってきた、とても大きな変化です。

1960年と比べると、米の消費量は半分に

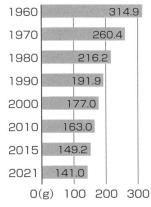

1960	314.9
1970	260.4
1980	216.2
1990	191.9
2000	177.0
2010	163.0
2015	149.2
2021	141.0

0(g) 100 200 300

▲日本人1人1日あたりの米消費量
（農林水産省）

　左のグラフを見てください。日本人1人1日あたりの米の消費量です。1960年と比べると、2021年では、半分以下になってしまったことがわかります。

　別に、みんなで炭水化物を減らすダイエットをしているわけではありませんよ。そもそも、米自体を食べなくなってきているということです。

肉・卵・乳製品や果物・野菜の消費量がアップ

　食生活の洋風化によって食べられるようになったものに、肉・卵・牛乳・乳製品などがあります。どれも動物性たんぱく質が多く含まれているものですね。

また、果物や野菜を食べる量も増えてきました。

たとえば今、食卓によく並んでいるようなキャベツが食べられるようになったのは、明治時代になってからです。家庭で多く食べられるようになったのは、じつは数十年前からなのです。思った以上に、最近のことですよね。

米の総産出額は、畜産と野菜に続いて3位

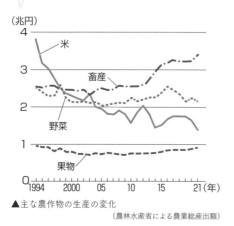

▲主な農作物の生産の変化
（農林水産省による農業総産出額）

▲農業総産出額の内訳 （農林水産省による速報値）

上のグラフを見てみましょう。主な農産物の総産出額です。

ここ20年を見ても、米がいかに減っているかがわかりますよね。現在では畜産や野菜のほうが多くなっていて、米は3位にとどまっています。今後、ますます減ってしまうのかもしれません。

食糧管理制度から、自主流通米制度へ

かつて日本では、国が米の生産から流通までを管理する食糧管理制度が行われ、米の価格を安定させてきました。農家の収入が減らないように米の値段を決め、国が差額を負担していたのです。

しかし、だんだんとその赤字が大きくなってしまったうえ、政府が管理しない自主流通米のほうが質がよいということで、食糧管理制度に批判も出てきました。そこで1969年から、自主流通米制度が始まったのです。

現在、米の販売は原則として自由にできるようになっています。「自由」と言うと聞こえはいいですが、競争でもあるので、農家の人は大変です。

米をつくる量を減らす減反政策

1970年代には米が余りすぎたために、減反政策が始まりました。

これは、米をつくる量を減らそうというものです。国は米から小麦や大豆といった別のものをつくる転作や、作物をつくらない休耕を奨励しました。

減反政策

ちなみに、減反政策は2018年に廃止されました。その後は、新たな米についての政策を実施して、農家の支援を行っていくことになりました。

米の生産量が多い新潟県・北海道・秋田県

「米の生産量が多い都道府県は？」と聞かれたら、どこの都道府県が思い浮かびますか？ 新潟県や北海道を思いついた人は、正解です！

1位は**新潟県**、
2位は**北海道**、
3位は**秋田県**。

この3つの道県の順位は毎年変わりません。以前は年によって1位から3位の順位が変わることもありましたが、この3つの道県がずっとベスト3となっています。しっかりと覚えておきましょう。

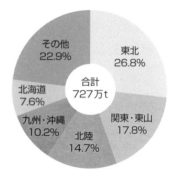

▲地方別の米のとれ高(2022)

(農林水産省)

その他の上位の県の多くは**東北地方**ですが、米づくりは全国的に行われています。

1位の新潟県ですら、10％未満です。それほど高いシェアではないですよね。

稲作に向くのは高温多雨で水が豊富な平野部 ……………

もともと、稲は熱帯性の作物です。ですから沖縄県でもつくられているのですが、その量はかなり少なくなっています。熱帯性の作物なのに、なぜでしょうか？

ちょっと考えてみてください。

稲作は、暖かい地域なら向いているかと言うと、そうではありません。

稲作に向いている地域は、ずばり**高温多雨**、そして**豊富な水を得られる平野部**であることです。代表的な米の産地には、次のようなところがあります。

日本海側の**越後平野**（新潟県）、**庄内平野**（山形県）、**秋田平野**（秋田県）。この３つの平野には、すべて有名な川が流れています。

越後平野…**日本一の長さ**をほこる**信濃川**
庄内平野…**三大急流**の１つである**最上川**
秋田平野…**雄物川**

これらの地域は、日本の穀倉地帯と呼ばれています。

沖縄が稲作に向いていない理由

では、沖縄県はどうでしょうか？

まず、沖縄県には**大きな川**があります。そのため、いくら台風が来ると言っても、水を安定して手に入れることができません。

しかも沖縄県の島の土は水を通しやすいので、稲作には向いていないのです。

鹿児島県も水を通しやすい白い土壌の**シラス台地**が広がっているので、稲作には向いていません。

そういうところでは、その土地にあった作物がつくられているのです。

稲作に向かない沖縄県

稲作がさかんな滋賀県の近江盆地と北海道の上川盆地

ここで、覚えておきたい稲作がさかんな平野と川の組み合わせを紹介します。

盆地でも、稲作が活発に行われているところもあります。滋賀県の
近江盆地は**琵琶湖**に接していることから、水を得やすいのでしょう。
同じく盆地で米の生産が多いところは、北海道の**上川盆地**（**石狩川**）
です。

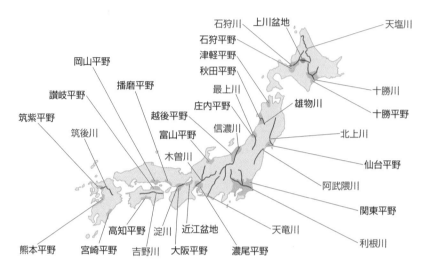

石狩川　上川盆地　　　　　　　　天塩川
石狩平野
津軽平野
秋田平野
最上川
庄内平野　　　　雄物川
越後平野
富山平野　信濃川
木曽川　　　　　　　　　　北上川

岡山平野
讃岐平野　播磨平野
筑紫平野
筑後川
　　　　　　　　　　　　　　十勝川
　　　　　　　　　　　　　十勝平野

　　　　　　　　　　　　　仙台平野
　　　　　　　　　阿武隈川
　　　　　　　　　　　　関東平野

熊本平野　宮崎平野　吉野川　大阪平野　濃尾平野
高知平野　淀川　近江盆地　天竜川　利根川

▲稲作がさかんな平野・盆地と川

品種改良で土地にあった米をつくる

次に、米の品種について解説します。

圧倒的に多いのは、誰でも知っている「**コシヒカリ**」です。全国の
田んぼの3分の1以上を占めていることを覚えておきましょう。

しかも、「**ひとめぼれ**」「**ヒノヒカリ**」「**あきたこまち**」など、上位
に入っているこれらの品種はすべて「コシヒカリ」の子どもです。

「え？　子どもってどういうこと？」と思いますよね。

簡単に言うと、「コシヒカリ」と別の品種をかけ合わせてできた品種だということです。

　「あきたこまち」を例に挙げると、秋田県は「コシヒカリ」を育てるには寒すぎるという欠点がありました。そこで、「コシヒカリ」のように味がよく、かつ寒さに強い品種をつくろうと、「コシヒカリ」と「奥羽292号」をかけ合わせて誕生したのが「あきたこまち」なのです。

　このように、栽培植物や家畜でよりよい品種をつくることを、**品種改良**と言います。

「ササニシキ」が減ってしまった理由

　もともと、戦後の代表的な米の品種と言えば「コシヒカリ」と「ササニシキ」でした。「コシヒカリ」は新潟県、「ササニシキ」は宮城県で栽培されていました。

　ところが、1993年の**冷害**で「ササニシキ」が大きな被害を受けてしまいます。東北地方の太平洋側に、冷たい風である**やませ**が吹きつけたからです。

　「ササニシキ」は**いもち病**という稲の病気に弱かったため、宮城県では「ササニシキ」に代わり、寒さに強い「ひとめぼれ」が多く栽培されるようになりました。

▲やませによる冷害で「ササニシキ」の生産量は激減

　ちなみに「ヒノヒカリ」は九州が中心、「はえぬき」は山形県、「キヌヒカリ」は関西が中心、「ななつぼし」や「きらら397」は、主に北海道で栽培されています。

米づくりの大まかな流れ

そもそも米はどうやってつくられるのか、知っていますか?

稲作には、多くの工程があります。

育苗（いくびょう）→田起こし→代かき（しろ）→田植え→中干し（なかぼし）→稲刈り くらいの大まか
な流れは覚えておきましょうね。

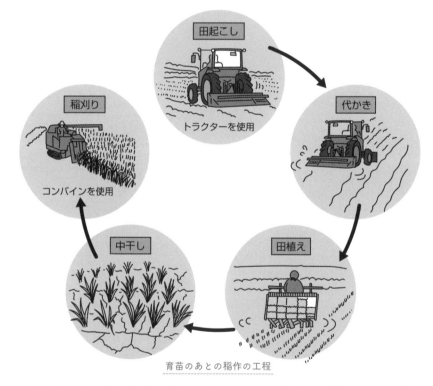

育苗のあとの稲作の工程

　少なくとも、「田植えの後に田起こし」と間違えて覚えないよう注
意してください。がんばって田植えをして「大きくなあれ、大きくな
あれ」と稲に語りかけていたのに、**トラクター**でガガガガガ…とやっ
てしまったら悲劇ですから…。

順番を覚えることも大切ですが、も
し忘れたら、米づくりの流れを考えて
みましょう。「田植えをする前に、田
起こしをして土を柔らかくする。その
後に水を入れて、ようやく田植えがで
きる」というようにです。

もし順番を忘れたら、
米づくりの流れを考え
てみよう

　ちなみに、稲刈りのときに使う機械
は**コンバイン**です。トラクターと間違えて覚えてしまわないように気
をつけてくださいね。

米は、アメリカやタイからも輸入されている

　みなさんは国産のお米と外国産のお米のどちらを食べていますか？
おそらくほとんどの人は国産と答えるでしょう。チャーハンやカ
レーを食べるときには、タイ米を食べることもあるかもしれませんね。

米の輸入が多い国はアメリカとタイ

　米は国産以外では、じつは**アメリカ**
と**タイ**からの**輸入が多い**ということを
覚えておきましょう。この順位は変わ
ることもあります。

　でも、そもそも日本は余るくらい米
をつくっているのですから、わざわざ
輸入する必要はないと思いませんか？
ところが、そうはいかなかったのです。

19ページで1993年の不作の話をしましたよね。冷夏の影響で作物が育たない**冷害**が起こり、**いもち病**が多く発生しました。

米不足になってしまったので、国は緊急にタイや中国、アメリカから米の輸入を行うことになったのです。

1995年に、米を輸入しやすくするミニマム・アクセスを導入

当時の日本は、主食である米はほとんど輸入しないという方針をとっていましたが、米不足のため、やむをえませんでした。いきなり日本からの大量注文が来たことで、アメリカやタイでは米の値段が急激に上がったりして、混乱も起きました。

そして、「日本も普段から米を輸入するべきだ」という声が外国からあがり、1995年に**一定量の米の関税を低くして輸入しやすくする、ミニマム・アクセス**を導入しました。日本は米の輸入に踏み出しましたが、大量に国内に入ることはおさえていました。そうしないと日本の農家の多くが打撃を受けてしまうからです。しかし各国からの圧力もあり、1999年、日本は米の**関税化**を決め、関税を支払えば誰でも輸入できるようにしました。

このように、世界の流れは自分の国を守ろうとする**保護貿易**をやめて、関税のない**自由貿易**をもっと進め、輸出や輸入をしやすくしようとしています。ただ、近年は、保護貿易に戻そうという国も出てきています。

TPPで日本の農産物自給率が落ちる可能性も

日本のTPP（環太平洋経済連携協定）への参加も、この流れの1

つです。

例外なく関税をなくすために、自動車などの工業製品の輸出が増えることが期待される一方で、外国産の安い農産物の輸入によって国内の農家が打撃を受け、食料自給率は落ちると考えられています。

▲2018年12月にスタートしたTPP

2023年には、イギリスの加入を認めることで合意しました。

消費者に安心を与える米トレーサビリティ法

米トレーサビリティ法という法律を知っていますか？

これは、お米の産地情報を、取引先や消費者に伝達するためのものです。

もし米や米の加工品に問題が発生したら、流通ルートを特定できるように記録を取っておくのです。

最近、レストランなどで「国産の米を使用しています」「産地情報については店員におたずねください」という表記を見かけませんか？

米トレーサビリティ法にもとづく表記例

じつは、これは法律で決められているのです。

ちなみに、牛にも**トレーサビリティ制度**が取り入れられています。

麦・豆・いも類

麦の
豆知識

私はうどんが大好きで、香川県まで讃岐うどんを食べる旅に出たりします。でも、讃岐うどんと言っても原料の小麦は香川県産であることは少なく、オーストラリア産の小麦を使っていることが多いのです。香川県産の小麦「さぬきの夢」の評価も高いのですが、いかんせん値段が高いそうです。低価格で提供して利益を出すためには、外国産の小麦を使うのも仕方がないのでしょうね。

麦は80％以上を輸入している

ここでは麦・豆・いも類について取り上げます。

まずは麦から。ひと言で麦と言っても、いろいろな麦がありますね。中学入試に出やすいのは、**パンやうどん**の原料になる**小麦**です。

小麦は乾燥に強く、生産量がもっとも多い都道府県は**北海道**です。2位福岡県、3位佐賀県までは、できれば覚えてしまいましょう。

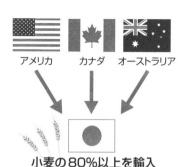

アメリカ　カナダ　オーストラリア

小麦の80％以上を輸入

小麦の三大輸入国

ちなみに**小麦の自給率**（全体の消費量のうち、日本国内で生産される量）は約15％と少なくなっています。なんと80％以上を輸入に頼っているのです。

輸入先は**アメリカ、カナダ、オーストラリア**が多く、これらの3か国からほぼすべての小麦を輸入しています。

日本の調味料の原料に多く使われている豆

　豆はどうでしょうか。「**大豆**からつくられるものは何？」と質問すると、「**とうふやみそ**、**しょうゆの原料**」という答えが返ってきます。どれも正解です。

　でも、正確に言うと、みそは「大豆と米」や「大豆とはだか麦」など、大豆と他のものと一緒に発酵させてつくるのが一般的です。知っていましたか？

　大豆の生産量１位は**北海道**、２位は宮城県です。**大豆の自給率はだいたい５～10％と小麦よりさらに低くなっています。**大豆は日本の食卓には欠かせないものですが、こんなに輸入されているんですね。

大豆は日本の
調味料をつくるのに
必要なのに、
自給率が低いんだね…

　豆類で他に重要なのは、らっかせいです。らっかせいの１位は千葉県です。これも覚えておきましょう。

いも類で必ず押さえたい、じゃがいもとさつまいも

　最後に紹介するのは、いも類です。

　いも類は、とくにじゃがいもとさつまいもが重要です。

　まず、じゃがいもから説明しましょう。生産量は**１位北海道**、**２位鹿児島県**、**３位長崎県**までは覚えてください。カレーやシチュー、コ

ロッケに入っていますよね。ポテトチップスもじゃがいもが原料です。じゃがいもは「馬鈴しょ」とも呼ばれます。

次に**さつまいも**です。この生産量は**鹿児島県**が１位です。

▲生産量トップは、じゃがいもが北海道、さつまいもが鹿児島県
(Job Design Photography/ピクスタ)

さつまいもの「さつま」は鹿児島県を指す「薩摩」からきています。鹿児島県でつくられているので覚えやすいのですが、じつは、さつまいもはもともと南米原産なのです。

そこから、フィリピン、中国、琉球王国、そして薩摩（鹿児島県）を経由して、日本各地に伝わりました。それでさつまいもと呼ばれるようになったのですが、鹿児島県には中国から伝わってきたので、鹿児島県の人は、さつまいものことを「唐いも」と呼んだりします。

さつまいもは、江戸時代にききんによる食料不足対策で栽培されたという歴史があります。江戸幕府の８代将軍徳川吉宗の時代に、青木昆陽という人が始めました。

さつまいもは**かんしょ**とも呼ばれるので、青木昆陽には「かんしょ先生」というあだ名がつけられました。

でも、もちろん今は、ききん対策で植えられてはいません。現在は、さつまいもは食用として植えられていますが、焼酎の原料としても使われています。

1章はここまで！
米は重要ポイントが
たくさんあるので、
しっかり覚えよう！

2章 農業②野菜・果物

　日本は南北に長く、季節風や海流の影響などもあり、地域によって気候が大きく異なります。さらに、春夏秋冬の四季がはっきりしています。このことは、多種多様な作物を生産できるということを意味しています。

　日本では、夏が旬のなすやピーマン、冬が旬のレタスやはくさいなど、地域の気候や風土にあった野菜が栽培されてきました。一方、「冬にもなすを食べたい、夏にもレタスを食べたい」というニーズに応えるための工夫もされています。夏が旬の野菜でも冬に暖かい地域なら生産できますし、冬が旬の野菜でも夏にすずしい地域なら生産できます。学習を進める際には、「促成栽培」「高冷地農業」という単語を覚えるだけでなく、「なぜ、そういうことをしているのか？」まで考えてみてください。

　そして果物。スーパーには季節のフルーツが並んでいます。夏が近づくとぶどうや桃、寒くなってくるとりんごというように。ぜひスーパーに足を運んで、どんな果物が並んでいるか、またその産地はどこかを見て、本で勉強したことと日常生活をつなげてみましょう。

やさい

くだもの

野菜

農家の人にとって、野菜が豊作だと嬉しくなりそうですよね。でも、じつは野菜がとれすぎると儲からないこともあるのです。他の農家でもたくさんとれたら、その野菜の流通量が増えて値段が下がってしまいます。すると利益が出なくなったり、損をしてしまったりすることもあるのです。これを豊作貧乏と言います。

野菜の生産量日本一は北海道

突然ですが、日本一野菜を生産している都道府県はどこだと思いますか？

これは、それほど難しい問題ではありませんよ。野菜と言えば、よく名前が挙がる産地はどこでしょうか？

正解は**北海道**です。とくに、**たまねぎやにんじん**の生産量は**1位**です。

野菜の生産量1位は北海道、2位は茨城県

では、北海道以外で生産量が多い都道府県は…？ これはちょっと難しいかもしれませんね。

ヒントは、大都市に近いことを生かした**近郊農業**が行われているところです。

正解は茨城県！ 東京都からあまり離れていませんよね。そして平野の面積も大きいのが特徴です。茨城県は、**ピーマン**、**はくさい**、**メ**

ロンの生産量が1位です。

　ただ、これらの統計は毎年変わるので、必ず『日本国勢図会』『日本のすがた』（ともに矢野恒太記念会編）で確認しましょう。

　野菜の生産は千葉県でもさかんで、茨城県とそれほど変わらないほどです。

最低限覚えておくべき野菜のデータ

　それでは、覚えておいたほうがいい野菜の生産量の都道府県ランキングを紹介します。

	1位	2位	3位
レタス	長野県	茨城県	
キャベツ	群馬県	愛知県	
はくさい	茨城県	長野県	
ピーマン	茨城県	宮崎県	
なす	高知県	熊本県	
きゅうり	宮崎県		
トマト	熊本県		
たまねぎ	北海道	佐賀県	兵庫県
にんじん	北海道	千葉県	徳島県

▲主な野菜の生産量上位の都道府県

ねぎ、ほうれんそうは関東地方の県が上位ですよ

　さあ、覚えられましたか？

　考えることと、覚えること、どちらも大切です。できれば、まずは覚えられるところだけ覚えてから、先を読んでいきましょう。

　では、ある程度がんばって覚えたことを前提に、いくつか覚えるヒントや重要な話をしますね。

たとえば、カレーやシチューを思い浮かべてください。どんな具材が入っていますか？ じゃがいも、たまねぎ、にんじん…。定番の野菜ばかりですね。じつは、これらの野菜の生産量1位はすべて北海道です。

他には、牛肉も入っていますし、シチューの場合は牛乳も使います。あとで出てきますが、肉用牛も乳用牛も飼育頭数は北海道が1位です。「カレーやシチューは北海道！」と覚えれば、順位が少しラクに浮かんできませんか？

葉物野菜は寒い時期にすずしい場所で育つ

では、キャベツ、レタス、はくさいなどの野菜を食べるとき、普通は葉っぱの部分を食べます。このような葉物野菜は、暑さに弱いというイメージがありませんか？ 直射日光を浴びたらへなへなしそうですよね。

実際、葉物野菜は暑さに弱いため寒い時期に育てるのです。土地もすずしい場所のほうが向いています。

そんな視点で、もう一度野菜のデータを見直してみましょう。

寒い時期、すずしい土地での
栽培が適している葉物野菜

すずしい場所で作物を育てる高冷地農業

キャベツの生産量は、群馬県と愛知県が上位を占めています。

群馬県では浅間山のふもとで、夏に高原野菜を栽培しています。中でも嬬恋村が有名です。すずしいので、夏でも生産ができるのです。

　このような、標高の高いところで冷涼な気候を利用して行う農業のことを、高冷地農業と言います。

　ちなみに、「何栽培ですか？」と問う問題が出たら、「抑制栽培」と答えましょう。**抑制栽培とは、成長・収穫・出荷を遅くして、春や秋にできる作物を、夏につくって出荷する農業のこと**を言います。

大都市の周辺で行われる近郊農業

　愛知県では、主に秋から冬、春にかけてキャベツを植えるのですが、大都市に近いことを生かした近郊農業を行っています。

　レタスは長野県、茨城県で活発につくられており、はくさいは茨城県と長野県が上位を占めています。いずれも、高冷地農業か近郊農業の方法で育てられているのです。

キャベツの場合

秋〜春
愛知県での
近郊農業で
栽培

夏
群馬県での
高冷地農業
で栽培

▲1年を通して出荷量が安定しているキャベツ

　そうやって夏はすずしいところ、冬は大都市に近いところで栽培することで、1年を通して野菜の出荷量を安定させることができます。よく考えられていると思いませんか？

　出荷量が安定していれば、値段も変動しにくくなりますよね。

葉っぱの野菜がつくられるのは高冷地農業か近郊農業の県が多い、と覚えておきましょう。

実を食べる野菜は、促成栽培で1年中とれる

次に、実を食べる野菜について解説します。ピーマンやなす、きゅうりがその代表です。

ピーマンの生産は**茨城県**、**宮崎県**がさかんです。昔は宮崎県が生産量1位でしたが、現在は茨城県が1位になりました。**近郊農業**は野菜づくりに強いですね。

▲促成栽培でつくられるピーマン、なす、きゅうり、トマト
(mao/ピクスタ)

なすは**高知県**と熊本県、きゅうりは**宮崎県**、トマトは**熊本県**と覚えておきましょう。ちなみに、トマトの生産量1位（熊本県）はくまモンの赤いほっぺと覚えるといいですよ。

ここまで紹介した野菜の生産量の上位には、暖かい気候の県が多く入っていることに気づきましたか？

これらの野菜は、冬でも**ビニールハウス**や温室でつくられており、**他の地域より早く出荷**されています。これを**促成栽培**と言います。試験によく出題されますよ。

促成栽培と抑制栽培は反対の意味です。促成は他の地域より早く、抑制は他の地域より遅く、という意味です。そうやって**普通ではとれない時期に野菜をつくる**ことで、**高い値段**で売り、少しでも**利益**をあげようとしているのです。

地理の勉強のキーワードは「儲けるため」

そもそも、どうして「〇〇栽培」といったキーワードを勉強するのでしょうか?

それは、日本の限られた耕地面積をいかに有効活用して生産性を高めるのか。このことを解決するための知恵、利益を得るための知恵を学ぶためです。

ですから地理の勉強をするときには、ちょっと品がないかもしれませんが、「儲けるため」という視点で考えてみましょう。

近郊農業も「利益を出そう」という考えから行われています。

では、なぜ大都市の近くで野菜をつくるといいのでしょうか?

少し考えてみてください。

輸送費が安い

輸送コストが安くすむ近郊農業

正解は、**コスト（費用）があまりかからないから**です。

何のコストかと言うと、**輸送のコスト**です。輸送費を減らせば、その分利益が増えますよね。促成栽培をすると、他の地域より高く売ることはできますが、**フェリー**や**トラック**で大都市まで野菜を運ぶ輸送費がかかるというマイナス面もあります。

それに比べると、近郊農業は**新鮮な野菜を早く出荷できる**というプラスの面があります。ですから、最近は大都市の近くで野菜が多くつくられているのです。

広がってきた「地産地消」の取り組み

　ただ、最近は「地産地消」の取り組みが広がってきています。

　これは、**地元で生産されたものを、できるだけ地元で消費しようという取り組み**のことです。環境にもやさしいとされていて、評価されるようになってきています。なぜだと思いますか？

地元で生産されたものを
地元で消費する「地産地消」

　理由は、フェリーやトラックを使って長距離輸送をする必要がないからです。そうすると、**二酸化炭素を出す量が減り、環境にもやさしくなります。**

　その土地のものはその土地で食べるという文化がもっと根づけば、地域の特色を生かして地域おこしにもつながるはずです。

　これからもっと広まってほしい考えですね。

環境へのやさしさを数字で表す「フードマイレージ」

　また、**フードマイレージ**という言葉も定着してきました。少し難しいのですが、フードマイレージとは、次のようなものです。

> 食材が産地から食される地へ運ばれるまでの、地球環境に与える負荷を「食料の輸送量×輸送距離」で表したもの

輸送量が多かったり、輸送距離が長かったりすれば、それだけ燃料も必要となり、二酸化炭素もたくさん排出されます。つまり、フードマイレージが小さいほど環境にいい、ということになります。

いちご、スイカ、メロンは果物ではなく野菜 ·················

ここでは、いちご、スイカ、メロンについて、触れておきましょう。それぞれ、生産が活発な地域は、下表の通りです。

	1位	2位
いちご	栃木県	福岡県
スイカ	熊本県	
メロン	茨城県	

▲いちご、スイカ、メロンの生産が多い都道府県

いちご、スイカ、メロン。じつは、これらは果物ではなく野菜だと知っていましたか？ 果物とは、樹木に実がなるもののことを言います。

ということは、お母さんから「野菜をもっと食べなさい！」と言われたら、「はい！ じゃあ、もっと野菜を食べるのでメロンを買ってください」と返事をしてもおかしくないわけです。

でも、実際にはやらないでくださいね。お母さんから「まったく余計なことを教えて！」と怒られてしまうかもしれませんから…。

いちごについては、銘柄を知っている人もいるかもしれませんね。栃木県は「とちおとめ」、福岡県は「あまおう」が有名です。

スイカの生産量1位は熊本県ですが、これには覚え方があります。

先ほど、「トマトの生産量1位（熊本県）はくまモンの赤いほっぺと覚えよう」と言いましたが、くまモンの大きなおなかはスイカだと覚えましょう。ちなみに、実際はただ太っているだけのようです。

「メロン」と聞くと北海道をイメージする人が多いかもしれません。確かに夕張メロンや富良野メロンなど、北海道の産地のほうが知られているかもしれませんね。しかし、生産量1位は茨城県です。もし間違えて覚えていた人がいたら、覚え直しておきましょう。

国産よりも価格が安い、外国からの輸入野菜

ここまで、国産野菜を紹介してきましたが、輸入野菜についても解説しておきます。

日本の野菜輸入国は、1位中国、2位アメリカまで覚えよう！

日本が野菜を輸入している国は、2位まで覚えておきましょう。

1位は中国、2位はアメリカ。これはずっと変わっていません。

「野菜は国産がいい」というご家庭も多いと思いますが、それでも中国をはじめとした外国からの輸入が多いのはなぜでしょうか？

「日本にない野菜だから輸入する」という場合もありますが、大きな理由は値段です。

安いからこそ、外国産を使うケースが多いのです。できるだけ安い価格で商品を提供しようとする低価格帯のレストランなどは、仕入れにもあまりコストをかけられません。そこで、価格の安い外国産の野菜を使用することがあります。

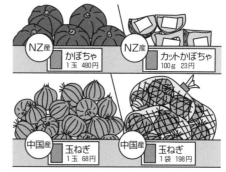

NZ産　かぼちゃ　1玉　480円

NZ産　カットかぼちゃ　100g　23円

中国産　玉ねぎ　1玉　68円

中国産　玉ねぎ　1袋　198円

生産野菜の主な輸入品目はたまねぎ（中国産）、かぼちゃ（ニュージーランド産）

果物

ぶどう狩りに行ったことはありますか？ 山梨県で生徒とぶどう狩りをしたことがあります。制限時間内食べ放題だったので、みんなもくもくと食べていました。でも、辛かったのは暑さです。ぶどう狩りのシーズンは夏、そして盆地。40℃近くの猛暑だったので、意外と食べられませんでした。

日本人が食べる定番の果物、みかんとりんご

日本人が食べる果物と言われると、みかんやりんごが思い浮かぶのではないでしょうか。日曜日の夕方に『ちびまる子ちゃん』がテレビ放送されていますが、観たことはありますか？

「ちびまる子ちゃんの家のこたつの上にありそうな果物は？」と言われると、パッとみかんが思いつきませんか？こたつにはみかん。個人的にはそんなイメージがあります。

ところが、近年みかんの収穫量が、どんどん減ってきているのです。

日本人が食べる果物と言えば？

オレンジの輸入自由化で、みかんの需要が減ってきた

1991年の**牛肉**と**オレンジ**の輸入自由化によって、外国産の安いオレンジが大量に入ってきました。

オレンジとみかんは別物だと思いますが、たとえば昔は一般的にジュースと言えばみかんジュースだったのが、現在はオレンジジュースになったように、みかんの需要は年々減ってしまっているのです。

りんごの収穫量はあまり変わっていませんが、みかんが減った分、現在ではみかんとりんごの収穫量はほとんど変わらなくなっています。

他にも日本では、日本なし、ぶどうが多く生産されています。さつまいもが焼酎の原料になるように、ぶどうはそのまま食べるだけでなく、何かの原料になります。さて、何でしょう？

▲山梨県のぶどう畑　　（なごみかば/ピクスタ）

正解はワインです。扇状地（川が山地から平野や盆地に流れ出るところに見られる、土砂などが堆積した扇形のような地形）が広がる甲府盆地（山梨県）はぶどうの生産で有名です。そこでは、ワインの生産もさかんなのです。

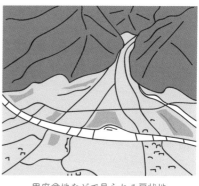

甲府盆地などで見られる扇状地

これだけは覚えておきたい果物のデータ

ここでは、押さえておいてほしい果物のデータを載せておきます。

	1位	2位
りんご	青森県	長野県
みかん	和歌山県	
ぶどう	山梨県	長野県
桃	山梨県	福島県
おうとう	山形県	
日本なし	千葉県	
柿	和歌山県	
梅	和歌山県	
びわ	長崎県	

▲主な果物の生産量上位の都道府県　（日本のすがた2023）

赤字の都道府県
（ほとんどですが…）
は絶対に覚えましょう

　覚えましたか？　それでは説明に入りましょう。

　りんごはすずしい気候が向いています。ですから、**青森県、長野県**が上位を占めています。

　逆に、**みかんは暖かい気候**が向いているので、<u>和歌山県</u>、愛媛県、静岡県が上位にきています。3県とも、太平洋に面していて比較的温暖な気候です。昔は愛媛県が1位でした。2位と3位は今後、入れ替わる可能性があります。

　私の勝手なイメージでは、りんごは侍で、みかんはぬくぬく育ったおぼっちゃんです。りんごには寒さに立ち向かう強さがあり、表面が堅い。一方、みかんはぬくぬく育っているから表面が柔らかい。そんなふうに思えてきませんか？

盆地に適したぶどう・桃・おうとう

盆地に適した果物も紹介します。**ぶどう、桃、おうとう**です。

ぶどうと桃はどちらも1位は山梨県。おうとうは山形県です。盆地が生産に適しているのは、**昼と夜の温度差**が大きく、それが成長に役立つからです。

輸入される果物の代表・バナナ

輸入される果物の1位はダントツで**バナナ**です。日本人の生活にしっかりと根づいています。

フィリピン産が70％以上

バナナは季節に関係なく、1年中生産できます。でも、輸入量は5月が多くなっています。なぜでしょうか?

理由として有力なのが、ちょうど他の果物が旬ではない時期だからだそうです。

ここでは、バナナが1位ということだけ覚えておきましょう。

なお、**フィリピン**からの輸入量が70％以上も占めています。多くがフィリピン産なんですね。

食品や工業の原料のために栽培される工芸作物 ················

　工芸作物とは、食品や工業の原料のために栽培される作物のことを言います。

　茶やこんにゃくいもは、そのまま食べたりはしません。茶の葉っぱをむしゃむしゃ食べて、「おいしい」と言う人を、見たことはありませんよね。

　てんさいも、根が砂糖の原料になりますが、そのままでは食べません。さとうきびも砂糖の原料です（そのままガジガジ噛んで汁を吸うと甘くておいしいのですが）。工場でいろいろと加工されて、製品になります。

食品や工業の原料のために栽培される工芸作物

　こんにゃくいもはこんにゃくの原料に、いぐさはたたみ表の原料になります。

茶の産地の覚え方は「しずかさん」 ················

　では、工芸作物を順に紹介していきましょう。とくに重要なのは、どこで多く生産されているかを知ることです。

まずは茶から。生産量の順位は、**1位静岡県**、**2位鹿児島県**、**3位三重県**です。

　覚え方は「しずかさん」。ドラえもんに出てくるしずかちゃんのことです。静岡県の「静」、鹿児島県の「鹿」、三重県の「三」。これで「しずかさん」です。でも、静岡県と鹿児島県の差はほとんどありません。

お茶の生産量の順位は「しずかさん」と覚えよう

　静岡県では、**大井川流域の牧之原（牧ノ原）**で茶が多く生産されています。東海道新幹線で東京駅から名古屋駅や京都駅、新大阪駅方面に乗ると、途中にとても幅が広い川があります。
　この川が、「**箱根八里は馬でも越すが越すに越されぬ大井川**」と言われた**大井川**です。

　そして、大井川をすぎるあたりで、左右に茶畑が見え始めます。霜を防ぐための防霜ファン（扇風機）も一緒に見られますよ。
　ちなみに、霜によって作物が育たなくなる害を霜害と言います。

こんにゃくいもの生産量は、群馬県が1位

こんにゃくいもの生産量1位は、**群馬県**です。下仁田町が有名です。
こんにゃくパークを知っていますか？
群馬県にあるのですが、どうやってこんにゃくがつくられているの

か、見学できる施設です。でも、ほとんどの人は工場を見るより無料試食コーナーに並んでいます。たくさんこんにゃくが食べられるので、人気のようです。

　私は以前、「こんにゃく詰め放題」を体験しました。500円で袋に詰められるだけ詰めていいというもので、確か無理やり7個くらいねじ込みました。「お買い得だった」と思ったものの、持ち帰るには重いし、何よりそんなにたくさんこんにゃくがあっても食べきれない…。

　しばらく食卓にこんにゃくが並ぶ日々が続きました。

たたみ表の原料・いぐさの生産はほぼ熊本県

　たたみ表の原料となる**いぐさ**の生産量1位は**熊本県**です。ほとんどが熊本県でつくられています。とくに、**球磨川流域**の**八代平野**での生産がさかんです。

▲いぐさでつくられている和室のたたみ表
（Happiness*/ピクスタ）

でも、年々たたみを見る機会が減ってきていませんか？ 私が授業中に、「床の間」と言っても生徒に伝わらなくなってきたことを感じます。お茶を急須で入れることを知らない4年生もいます。

「そう言えば、おじいちゃんの家でたたみを見た」
「おばあちゃんが熱いお茶を入れていたのが急須なのか」
など、少しずつ日本人にとって当たり前だったことを知らない世代が

増えてきているのかもしれません。

　もし知らなかったら、すぐに近くにいる大人に聞いてみてください
ね。

砂糖の原料のてんさいは北海道、さとうきびは沖縄県……

　砂糖の原料になるものは２つあります。てんさいとさとうきびです。
てんさいは北海道、**さとうきびは沖縄県**で多く生産されています。て
んさいは、ビート・さとう大根とも呼ばれます。

　授業でこの話をするとき、昔は「天才ビートたけし」と言うと、生
徒にウケたものですが、現在では「あ、あのおじいさんでしょ。テレ
ビで見たことはあるけど…」という反応です。時代の流れを感じてし
まいますね…。

　また、和紙の原料となる木の種類も覚えておきましょう。
　和紙の原料は、**こうぞ**、**みつまた**です。土佐和紙（高知県）や美濃
和紙（岐阜県）が有名です。

▲和紙の原料のこうぞ　　　　　　（hiro/ピクスタ）　　▲和紙の原料のみつまた　　　　　（mini/ピクスタ）

2章はここまで！
野菜と果物の重要ポイントを、
しっかり押さえておこう！

3 章 農業③ 畜産・これからの農業

　私は高校生までの12年間、鹿児島県に住んでいました。トンカツが大好きでしたし、豚がトラックで運ばれていく様子を目にしたり、稲作が難しいシラス台地の土地活用法を学校で勉強したり、3章の内容はとても身近なものでした。

　農業産出額でも、畜産は野菜や米より多くなっています。食生活の変化によって、肉類や乳製品の消費が増えたからです。しかし、外国産の安い肉類も大量に入ってくるので、農家の人たちは大変です。

　農業の工夫に興味のある小学生は少ないかもしれません。これを読んでいる人で将来、農家になりたいという人はおそらくほとんどいないでしょうし、身近なものでもありません。

　ただ、日本は面積が狭く、限られた耕地面積をどうやって有効活用するのかはとても大事な問題です。先人の知恵を学びながら、次の時代の農業はどんな知恵や工夫で生産性を高めていくのか考えてみましょう。

畜産

鹿児島県に住んでいた小学生の頃、家族でドライブをしていたら急に臭くなりました。お父さんのおならかと思ったら、豚がたくさん乗ったトラックが横を通りすぎたのです。鹿児島県はそれくらい豚が身近です。臭くて嫌だなあと思ったのですが、その豚さんたちがどこに運ばれていったのかを思うと、切なくなりました。

飼料の代表トウモロコシ

3章は「畜産」と「これからの農業」について解説していきます。畜産とは、これまでの章で学んだような米や野菜を育てるのではなく、家畜を飼育して、乳製品や肉、卵などを生産する仕事です。

地球にやさしいバイオエタノール

その家畜のえさである<u>飼料</u>の代表がトウモロコシです。

トウモロコシは、**バイオエタノール**という、ガソリンに代わる燃料の一部にもなっています。

バイオエタノールとは、バイオマス（トウモロコシやさとうきびなどの植物由来の資源）からつくられるアルコールのことです。

このように、人間が食べる以外の役割もあることから、トウモロコ

シの値段が急激に上がった時期がありました。トウモロコシが不足しそうなときに、アメリカでも不作になってしまい、価格が急騰したのです。

トウモロコシの値段が上がると牛肉の値段も上がる……

では、ここで問題です。トウモロコシの値段が上がると、牛肉の値段も上がりやすくなります。それはなぜでしょう？

答えは、トウモロコシの値段が上がると、肉用牛を飼育する飼料の費用も上がってしまうから。飼育するためのコストが高くなる分、牛肉の値段も上がるというわけです。

日本は、飼料のほとんどを外国から輸入しています。輸入に頼っている<u>トウモロコシ</u>は、代表的な飼料の1つなのです。

飼料や材料の値段が上がると、それらを使ってつくっている商品の価格にも影響してくるということを、覚えておきましょう。

飼料の値段が上がると、牛肉や豚肉などの価格も上がるってことだね

BSE、鳥インフルエンザ、豚コレラ…畜産農家はラクじゃない…

戦後、食生活の洋風化が進んだことで、肉や卵、乳製品の需要が高まりました。「需要」という言葉は少し難しいかもしれませんが、簡単に言うと、ほしいと思う人が増えたということです。

ただ、畜産はラクな仕事ではありません。

たとえば、2001年から日本でも発生したBSEという牛の脳の病気で、牛肉が売れにくくなってしまったことがありました。

鳥インフルエンザや豚コレラの問題もあります。

感染が確認されると、感染した鶏や豚だけではなく、同じ地域にいる鶏・豚も殺処分されますし、風評被害（うわさによって経済的な被害を受けること）を受ける原因にも…。

動物の感染症は、畜産農家からすると大きな問題なのです。

日本の肉類の消費量1位は鶏肉

みなさんは、牛肉、豚肉、鶏肉のどれが一番好きですか？

牛肉と答える人が多いような気がしますが、じつは牛肉の消費量は、鶏肉や豚肉よりも少ないのです。

では、右のグラフを見てみましょう。これを見ると、2001年にガクンと牛肉の消費量が減っています。それはなぜでしょう？

理由は、先ほど書いたBSEの影響です。牛肉は危険という考えが広まり、牛肉を食べる人が一気に減ってしまったのです。

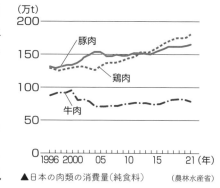

▲日本の肉類の消費量（純食料）　　（農林水産省）

日本の肉類の自給率は約**50**%です。輸入先は次ページの円グラフの通りです。牛肉は**アメリカ**と**オーストラリア**から多く輸入していること、

鶏肉は**ブラジル**が輸入相手先１位であることは覚えておきましょう。

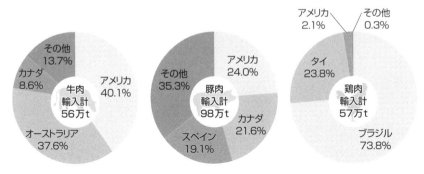

▲日本の肉類の輸入先

(2021年財務省)

肉用も乳用も「牛」は北海道が１位

	１位	２位
乳用牛	北海道	栃木県
肉用牛	北海道	鹿児島県
豚	鹿児島県	宮崎県
採卵鶏	茨城県	千葉県

▲畜産の生産量上位の都道府県

左表について、簡単に説明しておきましょう。

まず、「**牛は北海道**」と覚えてください。

２章でシチューの話をしたのを覚えていますか？ シチューに入っているじゃがいもなどの野菜の生産量は、北海道が１位ということでした。野菜の他に、牛肉や牛乳もカレーやシチューに入っていますよね。**肉用牛も乳用牛も北海道が１位**です。

東京都内であまり見かけない北海道産牛乳

北海道では、**十勝平野**や**根釧台地**で乳用牛から乳をしぼって飲用牛乳やバター、**チーズをつくる酪農**がさかんに行われています。

ちなみに、東京都や神奈川県では、北海道産の牛乳をそれほど見かけ

ません。なぜでしょう？ これは何度も入試で出たことがある問いです。

　理由は、東京都や神奈川県は北海道から遠いからです。

　牛乳は日持ちしないため、東京都には近くの栃木県などから多く運ばれてきます。では、北海道の乳用牛からしぼった乳はどうするかと言うと、日持ちするバターやチーズにされて東京都などの首都圏に届けられます。

　東京都に運ばれてくる割合は、他の地域より高くなっています。

2020 年に女子学院で次のような問題が出題されました。

難関中学の過去問トライ！

下の表は、生乳処理量（工場で殺菌などの処理をされた量）の内訳を、北海道と関東で比較したものです。生乳処理量に関して述べた文として、ふさわしくないものを 1 つ選び、記号で答えなさい。

		北海道	関東
生乳処理量		3,449,089t	1,343,075t
内訳	牛乳等向け	548,156t	1,233,870t
	乳製品向け	2,878,104t	98,644t
	その他	22,829t	10,561t

（農林水産省 平成 29 年牛乳乳製品統計より作成）

ア　北海道は東京都などの大消費地から遠いため、牛乳等向けの生乳処理量は少ない。

イ　北海道では日持ちのする乳製品向けの生乳処理量が多い。

ウ　北海道ではおみやげ品として、多くの生乳がチーズなどの乳製品に加工される。

エ　北海道には安い外国製の牛乳が入ってくるので、牛乳等向けの生乳処理量が少ない。

（女子学院中）

ここまで読んできたみなさんは、アからウが正しい文であることはわかると思います。エのように外国製の牛乳が入っていることは考えにくいですし、表から読み取ることもできませんね。正解はエです。

根釧台地にはパイロットファームという実験農場がある…

畜産と言うと、かつては牧草をたくわえる建物であるサイロが多くつくられていました。

ところが、現在では牧草を丸めてラップをかけたロールベールサイレージが多くなっています。

▲牧草を丸めてラップをかけたロールベールサイレージ　　　　　　　　　　（CRENTEAR／ピクスタ）

私は北海道が好きで（大好きなポテトチップスの産地でもある）、まとまった休みが取れたらレンタカーで何日間か北海道を旅行することがあります。

釧路空港に着いたら釧路湿原に足を運び、てんさいの産地でもある帯広市や、北見市に移動します。そこから米づくりがさかんな上川盆地の中にある旭川市でラーメンを食べて、最後に北の稚内市まで立ち寄るのです。

そうやって北海道内をドライブしていると、本当にたくさんの牛を見かけます。根釧台地では、まったく人影がなく、見かけるのは牛やロールベールサイレージばかり…ということも。

根釧台地には、パイロットファームと呼ばれた実験農場がつくられたということを覚えておきましょう。

肉は鹿児島県や宮崎県、採卵鶏は大都市周辺 ⋯⋯⋯⋯⋯⋯⋯⋯

　次に鶏肉です。昔は「**肉は鹿児島県**」と覚えられていましたが、現在では肉用若鶏の生産量は、宮崎県とほぼ同じになりました。

　ただ、鹿児島県の**肉用牛**の飼育頭数は**2位**、豚は**1位**という状況はずっと続いています。

　また、採卵鶏の生産量は茨城県、千葉県など、大都市の周辺に位置している県が多くなっています。

　さて、みなさんの家の冷蔵庫に、賞味期限が1ヶ月切れた卵なんてないですよね。卵は新鮮さが重要で、早く食べなければいけないものです。そのため、人口が多い大都市の近くでたくさん飼育されているのです。

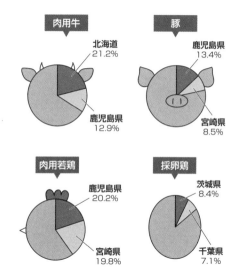

肉用牛
北海道
21.2%
鹿児島県
12.9%

豚
鹿児島県
13.4%
宮崎県
8.5%

肉用若鶏
鹿児島県
20.2%
宮崎県
19.8%

採卵鶏
茨城県
8.4%
千葉県
7.1%

家畜の飼育頭羽数上位の都道府県

農業の工夫と自給率

山地や森林が多い日本の農業の工夫

日本の農業は、じつはたくさんの工夫によって成り立っています。日本はそもそも平野が少なく、国土の４分の３が中山間地域（平地の端から山にかけての地域）なので、経営規模が拡大しにくいのです。

よく入試に出るのは、山地が国土の**４分の３**、森林が国土の**３分の２**ということです。入試に出やすいので、覚えておきましょう。

農業に不便な地形だからこそ工夫が生まれたんだね

アメリカは地平線の向こうまで見えるようなところも多いため、広大な土地で大型機械やヘリコプターを使って行う大農法も可能ですが、日本ではそうはいきません。

しかし、不便だからこそ工夫して乗り越えようと努力をしてきました。ここでは、その努力の内容を学習していきましょう。

傾斜地を利用して農業を行う、だんだん畑や棚田 ………

　まず、中山間地域は傾斜地（傾き
のある土地）が多いので農業は難し
そうに思えます。でも、**だんだん畑**
で果物を栽培したり、**棚田**で稲作を
行うなどして、耕地を広げてきました。

▲傾斜地で多く見られる棚田

（ハッシブ2世／ピクスタ）

　こういった方法は内陸や山がちな場所で多く見られ、長野県などで
は棚田での稲作がさかんです。棚田は地域によって千枚田とも呼ばれ、
美しい景色として観光地にもなっています。

干拓や開拓をして新たに耕地を増やす ………

　土地を有効に活用しようとする一方で、新たに耕地を増やそうとも
しました。

　その方法は、主に2つあります。

・湖や海を干しあげる**干拓**
・山や荒れ地を切り開く**開拓**

　入試でもよく出てくるキーワードですから、この2つは覚えておき
ましょう。

　大規模な干拓が行われた土地として、三大干拓地と呼ばれる場所が
あります。

有明海（福岡県・佐賀県・長崎県・熊本県）
児島湾（岡山県）
八郎潟（秋田県 ※北緯 40 度、東経 140 度が通っている）

上記3つの場所に共通しているのは、干拓をして土地を広げ、稲作をさかんにしようとしたことです。

有明海と言えば、もともと<u>のり</u>の養殖で有名ですが、干拓をして米づくりができる土地を増やした場所でもあります。近くには<u>筑紫平野</u>が広がっています。

次に、児島湾です。昔はもっと広い湾だったのですが、江戸時代から始まった干拓によって小さくなりました。

八郎潟は、かつては琵琶湖に次ぐ、日本で2番目に大きな湖でしたが、その 80% を干拓地にすることになりました。なぜ湖1つをなくしてまで干拓しようとしたのでしょうか？

▲日本で2番目に大きい湖を干拓した八郎潟
（naoki/ピクスタ）

それは、戦後の食料不足を解消するためです。このときは、<u>オランダ</u>の技術も取り入れて干拓を行いました。

荒れ地を開拓した北海道の根釧台地や長野県の野辺山原…

開拓の説明に移りましょう。

開拓と言えば、**北海道の根釧台地や長野県の野辺山原**が有名です。まずは、野辺山原について説明しましょう。戦後、人々は荒れ地を開墾して野菜の栽培をしようとしました。

とは言うものの、野辺山原は火山灰が積もる土地ですし、冬はかなり寒くて過酷な気候です。厳しい状況下ですが、戦後の日本では食料が足りず、仕事もなかなかありません。

それでも何とか生きていこうということで、土地をうまく活用しようと考えたのです。

▲開拓された野辺山高原のレタス畑

たとえば、標高が高く、夏でもすずしい野辺山原の気候は、すずしいところで育つレタスの栽培に向いていました。

根釧台地は、パイロットファームという実験農場がつくられた場所だと勉強しましたね。

高原のすずしい気候を生かした高冷地農業 ……………

他にも、**群馬県の嬬恋村**や菅平高原では、高原のすずしい気候の中で施設を使わずに**高原野菜**が栽培されています。このような農業を**高冷地農業**と言います。

ただ、もし「何栽培ですか？」と問う問題が出たら、**抑制栽培**と答えましょう。これは2章でも出てきましたね。

ちなみに、野辺山原にある野辺山駅は日本でもっとも標高が高い駅です。一度夏に訪れてみてください。ただ、冬は平均気温がマイナスになるくらいの寒さなのでおすすめしません。

他にも、田畑の境界線をまっすぐにして農業機械を使いやすくする**耕地整理**が行われています。昔は手作業だったので、田の形はあまり気にならなかったかもしれません。しかし機械化が進む中で、効率よく生産するために形を整える必要があったのです。

水の管理も考えました。雨が降るのを待つだけでは、水不足になってしまうことがたくさんあるからです。
ちなみに、水不足になりやすい地域はどこでしょうか？

正解は**香川県**の**讃岐平野**です。
瀬戸内海周辺や内陸県は、降水量が少なく、水不足になりやすい土地です。

そこで讃岐平野では、**ため池**が多く置かれていました。空海などが建設・改修に尽力したと言われる**満濃池**は有名ですね。
ただ、現在では、高知県から徳島県を流れる**吉野川から水を引いた香川用水**ができたため、ため池の数が減ってきています。

▲降水量が少なく、ため池の多い讃岐平野
（ハピクル/ピクスタ）

覚えたい４つの用水（安積疏水・愛知用水・明治用水・豊川用水）…

　できれば覚えてほしい用水は、他に４つあります。まず安積疏水です。福島県の猪苗代湖から郡山盆地に水を送っています。

▲愛知県の３つの用水

　残りの３つは愛知県の用水です。西から、愛知用水・明治用水・豊川用水です。

用水路	供給先	水源
愛知用水	知多半島	木曽川
明治用水	岡崎平野	矢作川
豊川用水	渥美半島	豊川、天竜川

湿田を乾田にする排水の工夫 ……………………………………

　水を引いてくる用水だけではなく、排水も大切です。
　信濃川流域の越後平野では、水が多くてじめじめした湿田を、排水して乾田にしました。いくら稲作に水が必要と言っても、ありすぎるとマイナスになってしまいます。
　そういった理由により、地下に埋めたパイプを使って水を出す暗きょ排水が見られます。

二期作や二毛作で、平野を有効活用して利益を出す ……

　平野でも、さまざまな工夫が施されています。代表的なものは、次の２つです。

- 1年に二度、同じ耕地で同じ作物をつくる二期作
- 1年に二度、同じ耕地で別の作物をつくる二毛作

▲二期作と二毛作

米の二期作は、現在ではほとんど行われなくなりましたが、かつて高知県ではさかんでした。今では、野菜の促成栽培で有名です。

2章でも取り上げましたが、促成栽培は作物の生育を促して、収穫や出荷を早めることから、そう呼ばれています。ビニールハウスや温室を利用し、高く売って利益を出そうとしているのです。

利益を出すには土地にあった栽培方法を行うこと ⋯⋯⋯⋯

たとえば現在、高知県で米を二度つくってもメリットがありません。日本人は以前と比べて米を食べなくなりましたし、同じものを二度つくってしまうと、新潟県などと比べて、質のよい米が収穫できなくなるからです。

ただ、飼料用（家畜のえさ用）の米の二期作が行われるなど、水田を上手に生かそうという取り組みは行われていますし、沖縄県などの暖かい地域では、現在でも米の二期作が行われています。

インドネシアは１年に三度も米をつくる三期作が発展…

　以前、インドネシアのバリ島に観光に行ったことがあります。その
とき、日本語が上手なインドネシア人のドライバーが観光案内をして
くれました。ビーチリゾートや、コーヒー農場に連れて行ってもらっ
たりする中で、水田が広がっている地域を通りました。

　私が「インドネシアは１年中暖かいから、二期作なのでしょうね」
と話したら「違います。三期作です」と教えてくれました。「１年に
三度も米をつくるとは！」と驚きました。味は…どうなんでしょうね。

連作障害を防ぐ二毛作のコツ

　北海道では、二毛作は当たり前に行われています。ただし土地の栄
養分が失われて収穫が落ちてしまう**連作障害**が起こらないように、米
と麦、麦と大豆、じゃがいもとほうれんそうなど、同じ作物をつくり
続けずに、変えていったほうがいいそうです。
　年によって育てる作物を変えることを**輪作**と言います。

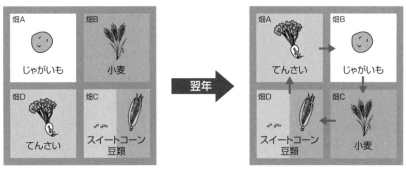

年によって育てる作物を変えて連作障害を防ぐ

愛知県にある渥美半島の電照菊は、夜に電気をあてて開花時期を調整し、高く売れる時期に出荷しています。

　品種改良も工夫の１つです。改良を重ねることで、冷害や害虫に強い品種がつくり出されています。

▲夜に電気をあてて開花時期を調整する電照菊畑
（TM Photo album/ピクスタ）

現在の生活は先人の知恵や工夫のおかげ

　ここまで、日本の農業でなされているいろいろな工夫について見てきました。昔の日本人が苦労しながら、どうやって生産性を高めようとしたのか、その努力が垣間見えたのではないでしょうか。

　「将来、農家になるつもりもないのに、何でこんなことを勉強しなきゃいけないの？」と思うかもしれませんが、私は農業の工夫を学ぶことには意義があると感じています。

　どんな分野にしても、先人の知恵や工夫のうえで現在の生活があるわけですし、日本のように狭い耕地面積をどう上手に使おうか、地域の特性をどう生かそうかと考えた方法は、きっと他の分野にも当てはめて考えられることだと思います。

日本は、狭い耕地を活用するための集約農業がさかん

　日本の農業は、**狭い耕地を活用するために、多くの人手とたくさん**

の化学肥料を使う集約農業を
行ってきました。この集約農業
は、試験に出るとなぜか正答率
が低いのです。みんな忘れてし
まいやすいようですが、がん
ばって覚えてくださいね。

なぜか正答率が低い
「集約農業」を
覚えておこう！

化学肥料を使わない有機栽培に注目が集まっている……

最近は、**化学肥料を使
わない有機栽培**が注目さ
れています。

家畜の糞や尿を腐らせ
てつくる**たい肥**を使った
りして、体にやさしい作
物づくりにも取り組んで
いるのです。値段は少し
高くなってしまいます
が、それでも安心安全な
ものを食べたいという消
費者の声があるので売れています。

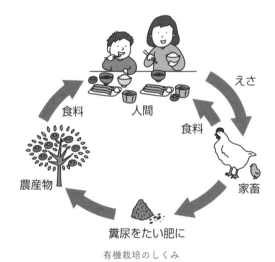

有機栽培のしくみ

農薬や化学肥料を使わない分、手間がかかりますが、これからもっ
と有機栽培が広まっていくといいですね。

ちなみに、「何農業ですか？」と問う問題では「有機農業」と答え
ましょう。「化学肥料を使わないでつくられた米を何と言いますか？」
と問われたら「有機米」と解答してください。

有機栽培によってつくられた農産物
には有機 JAS マークがつけられてい
ます。

▲有機栽培の農産物につけられる
有機JASマーク

収穫量を増加させた遺伝子組み換え食品

最後に、**遺伝子組み換え食品**について触れておきましょう。

遺伝子を組み換えて、品種改良ではできなかった病気や害虫に強い
品種がつくり出されたり、収穫量を増加させたりしています。

便利な一方で、遺伝子を組み換えた食品は人体にとって安全なのだ
ろうかという不安もあります。どうなっていくのか、注目しておきた
いところです。

日本の食料自給率は約 40％

自給率とは、その国で必
要とされる量のうち、国内
で生産する量が占める割合
を示したものです。

カロリー（熱量）ベース
で計測すると、全体の食料
自給率は現在のところ**約
40％**です。

	2000年	2010年	2021年
総合	40	39	38
米	95	97	98
小麦	11	9	17
いも類	83	76	72
大豆	5	6	7
野菜	81	81	79
果物	44	38	39
肉類	52	56	53
鶏卵	95	96	97
牛乳・乳製品	68	67	63
魚介類	53	62	59

▲主な食料の自給率（％）

米は約100％、野菜は約80％の自給率

　1つひとつの品目を見ていきましょう。よく試験に出るのは、米・小麦・大豆・野菜・果物・肉類です。

　米は日本人の主食で、自給率は100％近くあります。鶏卵や野菜も新鮮さが重視されますから、自給率は高めですね。**野菜は80％**程度です。

　それでも、世界的な貿易自由化によって多くの農産物の輸入を自由化したことで、安い外国産の農産物が増えました。**果物の自給率は40％**くらいです。

　肉類も約50％とまずまずですが、小麦と大豆は低いですね。**小麦が15％くらい、大豆が5～10％**くらいと覚えておきましょう。

輸入に頼るといざというとき、食料不足になる可能性も…

　食料自給率が低いと、何が問題なのでしょうか。
「外国からいっぱい輸入しているから大丈夫だよ」と思うかもしれませんが、輸入に頼っていると、国内の農業はますます衰退してしまいます。
　さらに、**相手国の事情で輸入がストップしてしまうと、国内で食料不足になってしまう可能性も**…。

食料自給率が低いと、輸入が止まると困ることに…

もし輸入してくれている国が戦争をしていたら、食料を供給してもらえなくなるかもしれませんし、輸入に頼っていることで、輸入先に対して何かを発言する力が弱くなってしまうかもしれません。

　輸入に頼りすぎると、心配なことがいくつもあるのです。

農業の今後

2019年まで外国人観光客が増え続けた影響もあって、入試でも外国の食文化に関する問題が多く出題されるようになりました。韓国ではキムチが食べられたり、箸を使ったりするとか。イスラム教の国では豚肉が禁止されていたり、お酒にも厳しかったりするとか。確かに私がカタールに行ったときもレストランにお酒はありませんでした。でも、外国人とわかったら出してくれるお店もあるそうです。

超高齢社会のあとつぎ問題

　日本は高齢化が進んでおり、2020年時点で**65歳以上の高齢者の割合は25％以上を占める、超高齢社会**です。将来の年金は大丈夫なのかと、よくニュースで報道されていますよね。

高齢化する農家の深刻なあとつぎ問題

　農業に関わる人々の高齢化問題も、かなり深刻です。農業就業人口のうち、65歳以上の割合は約70％です。

　重労働で収入も不安定である農業を「やろう」と言う若者は多くあ

りません。**あとつぎ**が少ないのです。

　しかも、外国産の安い農産物がもっと入ってくるかもしれません。「将来、農業をやりたい」と言う人はどれくらいいるでしょうか。授業で手を挙げてもらうと、１割もいないのではないかと思います。

時代とともに変化する農家の種類

　農家の種類についても、見ていきましょう。戦前は、農業だけを行う専業農家が多かったのですが、その後、兼業農家の割合が高まってきました。兼業農家とは、世帯の中で他に雇われた者のいる農家、または農業以外の一定の販売金額のあった農家です。農業だけではやっていけない

時代により変化する農家の種類

から、他の仕事もするケースが増えたのです。

　しかし、最近では専業農家の数は変わらない一方、兼業農家の数が急激に減っています。

　近年はそもそも専業農家や兼業農家という分け方をしなくなってきています。多くが兼業農家になっていますし、時代によって、分類の仕方も異なってきているからです。

農業を発展させる新たな方法を考えてみよう ··················

　1人でも多くの若者に「農業をしてもいいな」と思ってもらえるようにしないと、日本の農業の未来は、暗くなってしまうかもしれません。

　近年では、ドローンを使ったり、AI（人工知能）を活用して自動で最適な肥料をまいたりするなど、生産性を高める工夫が行われています。

▲農作業に肥料をまくドローンを導入するなど工夫が必要
(Suwin/ピクスタ)

　植物工場も当たり前になってきましたね。光が必要なので、LEDをあて、土の代わりに培養液を使い、温度や湿度などが管理された環境の中で農産物を育てます。

　昔ながらのやり方では衰退する一方なので、さまざまな工夫が必要です。日本産の高品質な農産物を外国に売っていくことも、農業を発展させる1つの方法ですよね。

　みなさんもいい方法を考えてみてくださいね。

　さて、ここで和食の配膳の問題を考えてみましょう。どれが一般的な配膳なのかわかるでしょうか。

難関中学の過去問トライ！

和食の配膳で正しいものを選びなさい。

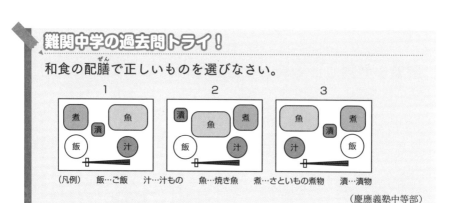

（凡例）　飯…ご飯　汁…汁もの　魚…焼き魚　煮…さといもの煮物　漬…漬物

（慶應義塾中等部）

まず、ご飯が左で、汁ものが右というのは常識ですよね。

　でも、どうしてかと聞かれるとちょっと難しいかもしれません。日本の伝統で、左にあるほうが重要だという考え方からなのです。

　ちなみに歴史の話になってしまいますが、左大臣と右大臣のうち、どちらがえらいのかと言うと左大臣です。ひな人形でも同じです。

　では、答えは１か２ですね。最後は、漬物が中央と知っているかどうかになるので、これはちょっと難しいかもしれません。正解は１です。２だとバランスが悪そうだと考えてもいいかもしれません。

ハラール認証の問題

　他にも食事に関する入試問題は増えています。キムチを食べるのは韓国、右手で直接食べ物をつまんで食べるのはインド、豚を食べてはいけないのはイスラム教など…。

　近年では、とくにイスラム教に関する問題が増えています。ハラール認証と言って、イ

イスラム教で許されていない食事

豚肉・酒など

スラム法で許されている食事についての問題が頻出しているので、宗教的な理由で豚肉がダメということだけではなく、「ハラール（ハラル）」という言葉も覚えておきましょう。

6次産業化の問題

農業に関係する役所である農林水産省は、農山漁村の活性化のため、**6次産業化**を進めています。地域の第1次産業（農林水産業）と、これに関連する第2次産業（工業）、第3次産業（サービス業）が合わさることで、新しいビジネスの形にしていこうというものです。

栽培、加工、販売まで兼ねる6次産業

ちょっと難しいので、例を挙げてみましょう。

現在までいちごを栽培していた農家が、それを加工して製品にし、さらに全国に売るとします。そうすれば、第1次産業の農業だけではなく、第2次産業、第3次産業も全部兼ねることになりますよね。1×2×3＝6、つまり6次産業化となるわけです。

3章はここまで。
畜産と、日本の農業ならではの工夫や農業の今後について、しっかり押さえておこう！

最近では、この問題が、当たり前のように受験で出題されるようになりました。

4章 林業・水産業

　水産資源が減ってきていることを知っていますか？　ミシュランガイドで三ツ星をとり続けているあるフレンチの名シェフも、「巻き網漁などで小さな魚まで根こそぎとってしまう。さらに、早い者勝ちでとりすぎてしまう」とインタビューで危機感を募らせていました。

　日本は食材レベルは高いはずなのに、質も量もどんどん落ちているのは、無駄にとりすぎていることも原因の一つでしょう。水産資源の保護を考えていかなくてはなりません。食材が食べられないまま捨てられるフードロスが社会問題化していますが、そういう無駄をなくしていくことも水産資源の維持につながります。

　しかし、そう簡単ではありません。人間は目先の利益を追求してしまう存在だからこそ、ルールによってとりすぎを防いだり、時には規制も必要になります。

　たとえば栽培漁業は、水産資源を守る点でも重要です。サケなどを稚魚まで育てて放流し、自然の中で3年ほど育って戻ってきたところをとるという漁法です。北海道の新千歳空港の近くにある千歳水族館では、春先にはサケの稚魚の放流体験ができます。もし北海道旅行に行くことがあれば、立ち寄ってみてはいかがでしょうか。

林業

江戸時代は木に関して、結構厳しい決まりがありました。高級な木曽ひのきは1本切るだけで罰せられました。建物をつくるのに木は必要ですし、とても大切なものだったのです。また、土砂崩れが起きる場所では田んぼをつぶしてでも木を植えさせました。木に水をたくわえさせて土砂崩れを防ぐ「緑のダム」の役割は、昔から知られていたのですね。

日本の木材自給率の変化をたどる

日本の木材の自給率は、かつて100%近くありました。ところが、高度経済成長期に、経済の発展や、都市への人口集中によって建物が多く必要になり、木材の需要が急激に伸びたのです。そのとき、国産材ではすべてをまかないきれませんでした。そこで、どうしたかと言うと…木材の多くを、外国からの輸入に頼るようになったのです。すると自給率がどんどん低下し、2000年には、なんと18.9%まで落ちてしまいました。ただ、その後回復しています。これはいったいなぜでしょうか。

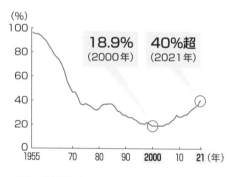

▲日本の木材自給率　　　　　　（林野庁2021年）

不景気で需要が減ると自給率が上がるというのは皮肉だね…

答えは、2000年頃から不景気の影響で、建築用の木材の需要が減ってきたからです。需要が減った分、外国からの輸入も減り、自給率が上がったのです。現在、木材の自給率は40%以上になるまで回復していますが、まず需要が高まらないと、日本の林業の未来は明るいとは言えなさそうですね。

ただ、政府は法律で公共建築への木材利用に取り組むことを決めています。この法律がうまくいくと、日本の林業も復活に向かうかもしれませんよ。

日本は木の種類が豊富

日本の国土は、**約65%（約3分の2）が森林**におおわれており、木の種類が豊富です。では、ここで問題！ なぜ、日本は木の種類が豊富なのでしょう？

日本の約65%（2/3）は森林

じつは、日本の地形に関係があるのです。

日本は南北に長く、気温の差も地域によって大きいと言えます。北海道と沖縄県では、かなりの差がありますよね。その分、木の種類が豊富になるのです。

日本にある針葉樹と広葉樹

日本の木は、3分の2が針葉樹で、3分の1が広葉樹です。

針葉樹と広葉樹の違いはわかりますか？「針」という字がある針葉

樹は、葉が針のように細長い**マツ**や**すぎ**、**ひのき**がその代表です。

針葉樹		広葉樹
日本の木の2/3		日本の木の1/3
針のように細長い	**葉の形**	広く平ら
マツ、すぎ、ひのき	**代表例**	ぶな、けやき、サクラ

針葉樹と広葉樹

すぎと聞くだけで鼻がムズムズしてしまいそうですね。私は春になると、すぎ花粉に悩まされて本当に困っています。北海道や沖縄県はすぎ花粉の影響がほとんどないそうですから、春の間だけでも移住したくなるくらいです。

一方、広葉樹は葉が広く平らで、**ぶな**や**けやき**、**サクラ**がその代表です。サクラが入っていることでイメージしやすいと思いますが、サクラはあまり木材には向いていなさそうです。

向いているか向いていないか以前に、日本で古くから親しまれているサクラを切って家を建てたりしたら、かなり批判されてしまいそうですよね…。

みなさん、「ひのき風呂」というのは聞いたことがあると思います。ひのきは木材に適しているのです。

森林が土砂崩れを防ぐ

森林は、木材になるだけではありません。**土の中に水をたくわえて土砂崩れを防ぐ**といった、大切な役割を果たしています。じつは、この役割は**広葉樹**のほうが優れています。

ところが、針葉樹のほうが木材に向いていて、育つのも早いので、高度経済成長期には針葉樹が多く植えられたのです。

林業をする人も、針葉樹を植えたほうが多くの利益を得られます。一方、利益を追求しすぎたことで、だんだんとマイナス面も出てくるようになりました。

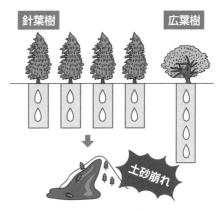

針葉樹　広葉樹

土砂崩れ

土中に水をたくわえる能力の高い広葉樹が減り、土砂崩れが増えた

土砂崩れが多くなってしまったのです。水をたくわえる働きの大きい広葉樹が減ってしまったことが、原因の1つです。

人間が目先の利益を重視した結果、全体にとってマイナスになってしまった例と言えますよね。

木材の輸入先は、主にベトナム・アメリカ・カナダ……

木材の輸入相手先のランキングはよく変わりますが、ベトナムやアメリカ、カナダが上位になりやすいです。

カナダの国旗を知っていますか？ カナダの国の木であるカエデの葉が描かれています。そこからイメージして、「カナダは木」と覚えておきましょう。

木材の輸入国はベトナム、アメリカ、カナダが多い

水産業

水産業の豆知識

焼津港(やいづこう)は、水揚げ量に比べて漁獲高が高い理由を説明させる入試問題でよく出題されます。焼津港(やいづこう)で多く水揚げされるまぐろの単価が高いことがわかっていると簡単に答えられるのですが、魚の値段なんてなかなかわかりませんよね。もしお寿司屋さんに行く機会があれば、どれが高くてどれが安いかわかるはず。でも、全部1皿100円のお店もありますけどね。

🦀 水産業がさかんな地域

水産業についても学んでいきましょう。

まずは赤字の漁港を覚えてください。

日本海側でもっとも漁獲量が多い境港(さかいこう)（鳥取県）、かつおの水揚げが多い枕崎港(まくらざきこう)（鹿児島県）なども覚えられるといいですね。

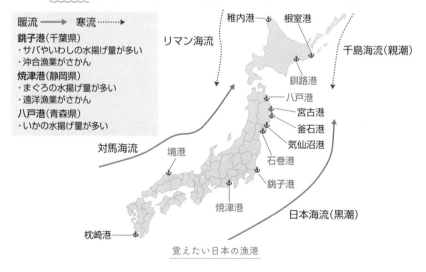

暖流 ——▶　寒流 ·······▶

銚子港(千葉県)
・サバやいわしの水揚げ量が多い
・沖合漁業がさかん

焼津港(静岡県)
・まぐろの水揚げ量が多い
・遠洋漁業がさかん

八戸港(青森県)
・いかの水揚げ量が多い

稚内港　根室港
リマン海流
千島海流(親潮)
釧路港
八戸港
宮古港
釜石港
気仙沼港
対馬海流　境港
石巻港
銚子港
焼津港
日本海流(黒潮)
枕崎港

覚えたい日本の漁港

境港は、大阪府の堺市の字と間違えやすいので気をつけてください
ね。ちなみに、境港がある都市は「境港市」です。ちょっとまぎらわ
しいですよね。

　そう言えば、この境港市は『ゲゲゲの
鬼太郎』の作者である水木しげる氏の出
身地で、街のいたるところに妖怪のブロ
ンズ像があります。びっくりしたのは、
観光客がとても多いことです。
「『ゲゲゲの鬼太郎』で地域活性化して
いるんだなぁ」と感心しました。以前、
入試でも境港市の「地域おこし」の内容
を具体的に書かせる問題が出たことがあ
りました。

▲境港市の水木しげるロード

©水木プロ

昔から漁業がさかんな日本

　日本は、もともと古くから漁業がさかんでした。なぜだと思います
か？

　答えは、木の種類が多いことと一緒で、日本の地形が関係していま
す。日本は四方を海で囲まれており、昔から海は身近な存在でした。
だからこそ漁業がさかんになったのです。次ページの地図を見てくだ
さい。日本の周りには海流が流れています。

　**暖流と寒流がぶつかるところは、潮目（潮境）と言い、よい漁場と
なっています。**流れに乗って寒い地域の魚も、暖かい地域の魚も集ま
り、栄養分が多く、**プランクトン**もたくさん繁殖しているからです。

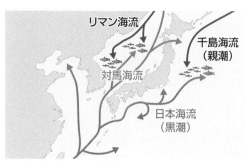

太平洋側
暖流の日本海流（黒潮）
寒流の千島海流（親潮）

日本海側
暖流の対馬海流
寒流のリマン海流

▲日本のまわりの4つの海流

原発事故の影響で漁獲量が減った三陸沖

　とくに三陸沖はよい漁場なのですが、東日本大震災での津波と原発事故の影響で、一時的に漁獲量が減ってしまいました。

　ちなみに、なぜ「三陸海岸」や「三陸沖」と言うか知っていますか？これは、かつて呼ばれていた国の名前から来ています。

　昔は、現在の**青森県を陸奥、岩手県を陸中、宮城県を陸前**と呼んでいました。その陸が3つ集まって三陸と言うわけです。

　日本海側を流れる対馬海流は、文字通り**長崎県の対馬**のあたりを通っているため、この名前がつけられています。

　よく対馬海流と千島海流を逆にしてしまう人が多いのですが、場所を考えればわかるはずです。千島海流は北海道の北東部にある千島列島から来ています。

日本海に広がる大陸棚はよい漁場

　その他に覚えてもらいたいのは、大陸棚です。**水深の浅い、傾斜のゆるやかな海底を大陸棚**と言います。日本海には大陸棚が広がってお

り、太陽の光が海底まで届いて海藻やプランクトンがよく育つことから、よい漁場となっています。

以前はよく、水深200メートルまでという数字が問われていましたが、実際は200メートルか

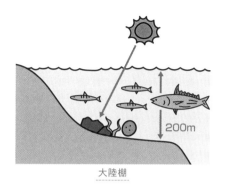

大陸棚

どうかで分かれているわけではありません。でも、もし試験に出たら、「200メートル」と答えておいてくださいね。

魚の種類を覚えよう

魚の種類もいくつか挙げておきます。代表的なものを掲載するので、魚の形でわかるようになりましょう。

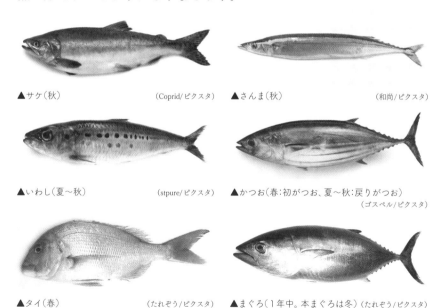

▲サケ（秋）　　　　　　　（Coprid/ピクスタ）　　▲さんま（秋）　　　　　　（和尚/ピクスタ）

▲いわし（夏～秋）　　　　（stpure/ピクスタ）　　▲かつお（春：初がつお、夏～秋：戻りがつお）
　　　　　　　　　　　　　　　　　　　　　　　　　　　　　　　　　（ゴスペル/ピクスタ）

▲タイ（春）　　　　　　　（たれぞう/ピクスタ）　▲まぐろ（1年中。本まぐろは冬）（たれぞう/ピクスタ）

　魚の漢字にも、いくつか触れておきましょう。

　さんまは漢字で書くと「秋刀魚」です。こうして見ると、秋が旬だということがすぐにわかりますね。

漢字だと、こう書くんだね

秋刀魚（さんま）
鰯（いわし）
鰹（かつお）

　いわしは漢字で書くと「鰯」です。魚へんに弱い、という字を書きます。

　これは、海の中で行われるバトルにいつも負けてしまう弱い存在、という意味ではありません。「傷みやすい」ことから弱いという字が使われているという説があります。

　昔、夏の暑い日に回転寿司のいわしを食べたあとに胃が痛くなったことがありました。もしかしたら、私が食べたいわしは傷んでいたのかもしれません…。

　最後にかつおです。漢字で書くと「鰹」。魚へんに堅いという字を書きます。まだ生で魚を食べなかった時代に、魚を干して乾燥させて食べようとしたらかつおが堅くなったから、こんな字になったという説があります。

　確かに、鰹節は堅いですよね。えっ、鰹節はふにゃふにゃしているじゃないかって？　それは、削ったものであって、削る前の鰹節はとても堅いのですよ。

　以前、鹿児島県の枕崎市で鰹節を買ったことがありますが、あまり

に堅くて、振り回したらケガをする人が出るんじゃないかと思うくらいでした。「鰹節殺人事件」が起こらないことを祈っています。

いろいろな魚のとり方

巻き網漁は、近年よく行われる漁法です。絵を見ればどんな内容かすぐにわかりますね。一度にたくさん魚をとる漁法で、いわしやサバ、かつおやまぐろなどを漁獲します。

巻き網漁

しかし、とる際に魚を傷つけてしまいやすいことや、たくさんの船や人員が必要なためコストがかかりすぎること、魚の種類や大きさに関わらずとってしまうので水産資源を維持する面から問題視されています。

底引き網漁は、主に1隻か2隻の船で網を引く漁法で、海の底にいる魚をとります。水深の浅い大陸棚が広がる東シナ海で行われていますが、あまり深すぎたら大変です。

底引き網漁

中国や韓国の船との争いがあり、最近は底引き網を行う船は減ってきています。
　何より、この漁法も、乱獲（とりすぎ）になりやすく、水産資源を

確保する面から問題視されています。
トロール漁は、底引き網漁の一種です。

　棒受け網漁は、さんまなどの光に集まる習性がある魚をとる漁法です。

棒受け網漁

　はえなわ漁は、古くから行われてきた漁法で、はえなわをしかけてしばらくしたら、はえなわを回収してまぐろなどをとります。

　一本釣りは、名前の通り、1本の釣り糸に1個の釣り針をつけて釣る方法です。魚に傷がつきにくく、価値が高くなりやすいのですが、手間がかかりそうですね。かつおやまぐろをとるときに、よく行われます。

はえなわ漁

　ちなみに一本釣りは、乱獲を防ぐという点からもよい漁法と言われています。必要な分だけをとるからです。ただ、大変なだけに割に合わない仕事であることが多く、現在は外国からの留学生に人手を頼っているそうです。

🦀 水産業の歴史

　1955年から1973年くらいまでの**高度経済成長期**は、現在より漁業がさかんでした。当時、一番力を入れていたのは**遠洋漁業**で、次が

沖合漁業でした。

> 遠洋漁業：大型船で数十日から数ヶ月かけて漁をする。まぐろやか
> つおなど
>
> 沖合漁業：沖合で数日から1週間かけて漁をする。いわし、さんま
> など
>
> 沿岸漁業：海岸近くで日帰りの漁をする。サバ、アジ、タイなど
>
> 養殖業：魚を育てる漁業。のり、かき、真珠、こい、うなぎなど

　ところが、**1973年に起こった石油危機**によって**遠洋漁業は大きな影響を受けました**。

　石油危機とは、**第四次中東戦争**という戦争がきっかけで、**原油の値段が急激に上がり、石油不足になったこと**を言います。

　じつは、1979年にもイラン革命の影響で石油危機が起こっています。石油が足りなくなったことで、トイレットペーパーが不足するといううわさが流れるなど、大混乱が起こりました。

　このとき、船の燃料代も大きく値上がりしてしまったので、遠洋漁業で儲けを出すことが難しくなってしまったのです。

　さらに遠洋漁業に追いうちをかけたのが、**200カイリ問題**でした。**各国が沿岸から200カイリ（約370km）の範囲の水産資源や鉱物資源を優先的にとるようになり、外国の海で漁をすることが難しくなったので

▲領海および排他的経済水域の概略図

す。この範囲のことを排他的経済水域と言います。ちなみに国の主権がおよぶ領海は12カイリです。よく試験に出ますから、覚えておきましょうね。

次のグラフを見てください。

遠洋漁業は、1980年代にはかろうじて2位ですが、その後減少を続けていますね。

一方、沖合漁業は漁獲量を増やしていき、日本の漁業の中心になりましたが、1990年代には急激にその量を減らしています。日本近海の魚、

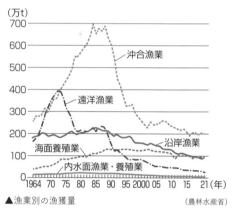

▲漁業別の漁獲量

（農林水産省）

とくにいわしの漁獲量が減ったことが理由と言われています。このグラフもよく入試に出ますので、どの線がどの漁業かすぐにわかるようにしておきましょう。

🦀 増加する養殖業

日本人はたくさんの魚を食べて生活しています。いくら食生活が洋風化・多様化しても、世界的に見れば魚を食べるほうなのです。でも遠洋漁業も沖合漁業も沿岸漁業も、漁獲量は減ってきています。

ただ1つ、養殖業、とくに海面養殖業だけは量が減っていないことが先ほどのグラフからわかりますね。育てる漁業は増えてきているのです。

養殖業は、稚魚から成魚までいけすの中で育て続ける漁業のことです。

養殖業が有名な品種と収穫量が多い場所

養殖量が多いのはのりです。**のりは佐賀県（有明海）と兵庫県**での収穫が多くなっています。**有明海でのりの養殖**というのは有名ですよね。佐賀県と兵庫県の量はほぼ同じ量なので、年によって順位が入れ替わります。

他にも量が多いのは、**ほたて貝やかき**です。
ほたて貝は青森県（陸奥湾）と北海道（サロマ湖）です。
かきは1位広島県（広島湾）、2位は宮城県です。

また、**真珠は長崎県（大村湾）・愛媛県（宇和海）・三重県（英虞湾）**の3つの県の収穫量が多くなっています。

のり
佐賀県・兵庫県

ほたて貝
青森県・北海道

うなぎ	
1位	鹿児島県
2位	愛知県

かき	
1位	広島県
2位	宮城県

真珠
長崎県・愛媛県・三重県

金魚	
1位	奈良県

▲覚えてほしい養殖業の順位

養殖業への批判

養殖業に対しては、批判もあります。
たとえば、いわしをえさにしてはまちを養殖することがもったいな

いという理由がその１つです。高級魚を育てて高く売り、より利益を得ようという行為を続けていいのかどうか…。長く問われている問題です。

また、**海の汚れ**につながるという**批判**もあります。えさを大量に与え続けると、そのえさの残りが海にたまって汚れになるのです。ただ、近年ではえさも改良されて、汚染は少なくなったと言われます。

養殖よりも天然のほうが高級品

ちなみに天然と養殖、品質ではどちらがよいとされているでしょう？

じつは、生徒たちに授業で聞くと意外と知らなかったりするのですが、一般的には天然のほうがよいと言われています。
「養殖でどんなものをえさとして魚に食べさせているかわからない」という不安感や、「自然の中で育った魚のほうが、味がいい」という意見が大半です。そう言われると、値段はどちらが高いかわかりますよね？ もちろん天然のほうが高くなるケースがほとんどです。

では、ここまで学んだことを使って入試問題に挑戦しましょう。

難関中学の過去問トライ！

次の表は、日本の海面漁業の魚種別漁獲量と養殖業の魚種別収穫量のうち、まぐろ、さんま、かきについて、上位５都道府県を示したものです。正しい組み合わせをア〜カから１つ選んで、記号で答えなさい。

上位5都道府県					（単位：トン）
A	①広島　95,634	②宮城　19,061	③岡山　15,461	④岩手　6,024	⑤兵庫　5,862
B	①静岡　26,844	②宮城　19,258	③宮崎　17,034	④高知　14,776	⑤三重　13,206
C	①北海道　51,156	②宮城　14,562	③岩手　12,543	④富山　10,990	⑤福島　7,972

『データでみる県勢2019』より

	ア	イ	ウ	エ	オ	カ
まぐろ	A	A	B	B	C	C
さんま	B	C	A	C	A	B
かき	C	B	C	A	B	A

（早稲田中）

　統計資料は毎年変わるものですが、まぐろ、さんま、かきの1位はそうそう変わらないでしょう。では、見ていきますよ。

　まずAは広島県が1位なので、すぐにかきとわかりますね。Aがかきの選択肢はエとカしかありません。

　次にBは静岡県が1位です。遠洋漁業の基地である焼津港があるので、まぐろとわかります。2位以下で判断するのはかなり難しいかもしれません。宮城県の気仙沼港は、まぐろの水揚げで有名など、細かい知識が必要になります。

　最後にCは北海道が1位です。北海道では漁獲量や収穫量が1位のものはたくさんありそうですが、残ったさんまを選びます。さんまの旬は秋、北海道や三陸海岸で多く水揚げされています。

　というわけで、エが正しい組み合わせということになります。

近年注目される栽培漁業

　近年は栽培漁業が注目されています。養殖業とは、いったい何が違うのでしょうか？

養　殖　業：稚魚から成魚までいけすの中で育て
　　　　　続ける漁業

栽培漁業：稚魚を放流して自然の中で育てさせ、
　　　　　成魚になって戻ってきたところをと
　　　　　る漁業

この違いは、よく試験に出るので、書けるようにしておきましょう。

栽培漁業はコスト（お金）もあまりかからないのでよさそうですが、「本当に魚は戻ってくるの？」という疑問は起こりますよね。

もちろん戻ってこない魚もたくさんいるでしょうが、たとえばサケやマスの習性を知っていますか？

産卵のために自分が生まれた場所に戻ってくるのです。そうすれば、栽培漁業でもある程度の魚をとることができますよね。

ちなみに産卵・ふ化のために生まれた川に戻ってくるサケ・マスは、その川のある国にとる権利があるという考え方を「母川国主義」と言います。日本で生まれたサケは日本のもの、ロシアで生まれたサケはロシアのもの、という考え方です。

水産物の輸入と環境

日本の水産物の輸入は 2000 年頃まで増えていきました。多くの国が 200 カイリの排他的経済水域を設定し、規制を設けたからです。

しかし、その後、日本人が昔ほど魚を食べなくなったので、輸入量

はやや減ってきています。

　では、どんな魚を輸入しているのでしょうか。現在は、**サケ・マス、まぐろ、エビ**の輸入が多くなっています。輸入額は順位が変わることも多いので最新の統計で確認しておきましょう。

　サケ・マスは**チリ**や**ノルウェー**から多く輸入しています。スーパーに行ってみると、チリ産のサーモンをよく見かけますよね。あるいは、ノルウェーサーモンという名前を聞いたことがあるかもしれませんね。

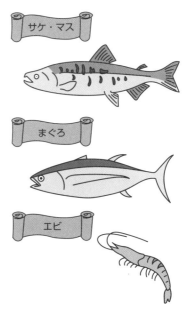

輸入の多い水産物と言えば…

　エビは高級な水産物としてアジアの暖かい地域で養殖されており、インドやベトナムから多く輸入しています。

　輸入が増えている一方、**エビを養殖するための池をつくるためにマングローブ林を伐採**することが、**環境破壊につながるとして批判されています。**

▲エビ養殖のために伐採されているアジアのマングローブ林
(tonyoquias/ピクスタ)

自然を大切に守る工夫 ⋯⋯⋯⋯⋯⋯⋯⋯⋯⋯⋯⋯⋯⋯⋯⋯⋯⋯⋯⋯

ここまで学んでくると、「人間の都合ばかりでひどいなぁ」と思ってしまうかもしれませんね。

確かに生きているものの命をいただいて生きていくので仕方のない面もありますが、人間の利益を優先しすぎて環境破壊が進んでしまうのはよくありません。

環境が悪くなれば、やがて人間自身の住む場所も減ってしまったり、食べるものが減少したりして不利益をこうむることになります。そういうことも知っておきたいですね。

伐採を制限された森林・魚付林 ⋯⋯⋯⋯⋯⋯⋯⋯⋯⋯⋯⋯⋯⋯⋯⋯⋯

最後に<u>魚付林</u>（うおつきりん）の話をしておきましょう。昔から、「海岸近くの森林は魚を引き寄せる」という言い伝えがあり、海岸近くの森林を守ってきました。そのようにして保護された森林を「魚付林」と言います。

最近では、海と川の上流にある森とのつながりも大切にしていることから、上流の森林もまた、魚付林（うおつきりん）と呼ばれています。

森林が魚を引き寄せるという魚付林

実際にどれだけ魚を引き寄せるのかはわかりませんが、自然を大切にする言い伝えは守っていきたいですね。

4章はこれで終了！
林業と水産業のしくみが
わかったかな!?

5章 資源・発電

　日本は石油や天然ガスなどのエネルギー資源に恵まれていません。駒場東邦の初代校長が「資源のない日本では、頭脳を資源として、社会に有為な人材を育成する」ことの大切さを説きましたが、エネルギー資源を外国に依存している厳しい環境だからこそ、何とか頭脳で工夫をして生産性を高めようとしてきたのかもしれません。

　でも、石油がたくさんとれる国はうらやましいですよね。日本が石油や天然ガスを多く輸入するカタールを旅行したときに知ったのですが、カタールは消費税や所得税、医療費も無料です。

　発電については賛否の分かれる問題があります。それは原子力発電を続けていくのか、やめるのかということ。東日本大震災の際、福島第一原子力発電所の事故により、周辺地域に人が住めなくなったり、土地や海が汚染されたりするなど大きな被害が出ました。

　一方、原子力発電はたくさんのエネルギーをつくることができるという利点もあります。どんなものにも長所、短所がありますし、今の段階でこれを読むあなた自身がどちらの立場と決めなくてもいいでしょう。ただし、どちらの立場でも説得力がある説明ができるように、さまざまな視点を持ち合わせておくことが大切です。

資源

資源の豆知識

2020年、原油価格が急落しました。コロナウイルス感染拡大によって工場があまり動かなくなり、原油の需要が減ったこと、そしてサウジアラビアが原油の増産をするなどしたことで、供給量が需要量より多くなったからです。コロナウイルスは経済にも大きな影響を与えました。

私たちの生活に欠かせないエネルギー

よく「エネルギー」や「エネルギー資源」という言葉が使われていますが、「いったいエネルギーって何なの?」と質問されたら、うまく答えられる人は少ないかもしれません。

当たり前のように使っている言葉でも、説明するのが難しいことは意外とあるものです。

では、エネルギーとは何なのでしょうか?

簡単に言うと、ものをつくったり、運んだり、使ったりするときに必要な力のことです。

●**エネルギー**
ものをつくったり、運んだり、使ったりするときに必要な力

●**エネルギー資源**
エネルギーを生み出す源

石炭	石油	天然ガス
原子力	水力	風力
太陽	地熱	バイオマス

そしてエネルギー資源とは、その力を生み出す"もと"のこと。ちょっと難しいかもしれませんし、試験には出ないかもしれませんが、ぜひ

言葉の意味を考えながら勉強する習慣をつけてくださいね。

さまざまなエネルギー資源とその歴史 ·························

　さて、エネルギー資源には、**石炭**、**石油**、**天然ガス**、**原子力**や、**再生可能エネルギーと言われる**水力、風力、太陽光、地熱、バイオマス（生物に由来するもの）があります。

　日本はいつ頃からエネルギーを使っていたと思いますか？　じつはかなり昔からです。たとえば、風力を使ってエネルギーを生む風車は、室町時代から存在していました。本格的に使われるようになったのは、明治時代からでしょう。

　蒸気機関車を知っていますか？
　蒸気機関車のエネルギー源は石炭でした。石炭は日本でもとることができたので、1960年頃まではエネルギーの中心でした。
　でも、石炭を掘る仕事は、とても危険です。炭鉱の中は暗くて狭く、命がけ。加えて、肺に粉じんが入ることで病気にもなりやすい過酷な労働環境にあったのです。

　山本作兵衛は、炭鉱の記録画を描いたことで知られているのですが、この記録画は、日本ではじめてユネスコ記憶遺産（世界の記憶）に登録されています。歴史を語る貴重な絵です。

▲山本作兵衛による炭鉱の記録画　（©Yamamoto Family）

エネルギー革命で石炭から石油へ

1960年代にエネルギー革命が起こりました。

石油は石炭よりも安く、大量に入ってきたので、一気にエネルギーが石炭から石油に変わったのです。

ところが、1973年に石油危機が起こります。4章の水産業のところでも勉強しましたね。石油不足で混乱が生じたことで、石油に偏ったままではよくないという考えが広がりました。

エネルギー資源がほとんど石油の場合、もし石油が入ってこなくなったら、どうなってしまうでしょうか?

ガソリン不足になったり、ものづくりができなくなったり…とあちこちに大きな影響を与えてしまいます。

石油危機のときには、トイレットペーパーがなくなるといううわさが広まり、まるでデパートのバーゲン品に群がるように、トイレットペーパー争奪戦も起こりました。

石油危機でトイレットペーパー争奪戦が起きた

石油に代わる天然ガスや原子力の導入

これらの問題が起きてから、「石油が輸入できなかったとしても、他のエネルギーで困らないようにしておこう」という考えが生まれま

した。そこで出てきたのが、天然ガスや原子力です。

　ところが、東日本大震災によって、福島第一原子力発電所が大事故を起こしたことで、原子力の危険性も理解されるようになってきたのです。

見直される石炭

　石炭、石油、天然ガスについて、もう少し勉強していきましょう。

　まず石炭です。石油危機が起こったあとは、安定的に輸入できるということで、見直されてきています。

　ただ、国内では北海道でわずかに生産しているだけで、ほとんどを輸入に頼っています。

　世界でもっとも石炭がとれる国は中国ですが、日本が石炭を輸入している国は、1位オーストラリア、2位インドネシアです。中国は、経済的に発展したことによって、自国で石炭を多く使うようになりました。今や世界でもっとも多く石炭を輸入している国の1つです。

石油は日本の消費エネルギー1位

▲日本の主な石油輸入国

　次に石油です。日本が消費する資源の中でもっとも多くなっています。原油は国内ではほとんどとれません。わずかに新潟県や秋田県などでとれる程度で、99％以上を輸入に頼っています。

日本の石油輸入相手国の上位は、**サウジアラビアとアラブ首長国連邦**です。これらの国はすべて**中東地域**にあり、日本は石油の多くを中東地域からの輸入に頼っています。他に原油をたくさん輸出できる国がないため、どうしても偏ってしまうのです。

石油危機後に使用量が多くなった天然ガス

最後に天然ガスです。石油危機後から、多く使われるようになりました。ガスは気体ですよね。これを運ぶとなると大変です。

なぜなら、気体は体積がとても大きいからです。そこで、**マイナス162℃**まで冷やすと気体が液体になるという性質を利用して、体積の小さい**液体に変え、船で日本まで運んでいます。**

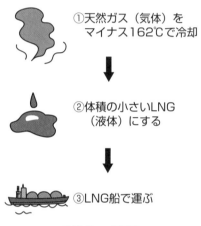

①天然ガス（気体）を
マイナス162℃で冷却

②体積の小さいLNG
（液体）にする

③LNG船で運ぶ

天然ガスの運び方

その**液化天然ガス**のことを **LNG** と言い、運ぶ船を **LNG船** と言います。日本が天然ガスを輸入している国の**1位は、オーストラリア**です。

現在は、エネルギー資源に天然ガスを使用する割合が増えています。費用はかかるものの、産油国が中東地域に集中している石油と違って幅広い国から輸入できることが大きな利点です。

また、石油や石炭よりは、燃えるときの二酸化炭素や窒素酸化物の排出が少ないため、やや環境にやさしいという面もあります。

近年注目されるシェールガス、シェールオイル

シェールガスについても触れてお
きましょう。これは、地中の岩盤に
含まれる天然ガスの一種です。昔か
らシェールガスの存在は知られてい
ましたが、「とり出すのは難しいだ
ろう」と思われていました。ところ
が、技術が進歩して、**アメリカ**や**カ
ナダ**で開発が進んでいます。

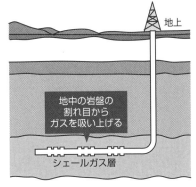

シェールガス採掘のイメージ図

　近年では、**シェールオイル**の存在も注目されています。シェールオ
イルとは、地中の岩盤に含まれる石油のことで、シェールガス同様、
アメリカやカナダで研究・開発が進んでいます。

　近年、このシェールオイルやシェールガスが世界経済に大きな影響
を及ぼすようになり、このことを「シェール革命」と呼んでいます。
日本でも、2014年からシェールオイルの商業生産が開始されました。

　エネルギーの全体像をつかめましたか？
　水力、原子力、風力、太陽光、地熱のことは、発電のところで詳し
く扱います。

日本でとれる鉱山資源とその場所

　かつて日本には、たくさんの金山や銀山、銅山がありました。
金や銀が国内でとれていたのです。有名なものは、**島根県の石見銀**

山ですよね。**世界遺産**にも登録されています。

　今回は少し細かいことも伝えておきますね。地理が苦手な人はあと回しにしてもいいですよ。

　まず、大規模な鉱山で現在も金属を採掘しているのは、鹿児島県の菱刈鉱山のみです。ここでは、金をとっています（試験には出ないと思います）。

　下記に、国内で有名な金山、銀山、銅山をまとめました。ただ、たくさんとっていたのは昔であって、現在は閉山されていたり、ほとんど採掘されていなかったりするところばかりです。

● 金山　**佐渡金山**（新潟県）…**佐渡島**

　　　　土肥金山（静岡県）…伊豆半島

● 銀山　**石見銀山**（島根県）…**世界遺産**に登録。かつて日本は世界最大の銀産出国と言われていた

　　　　生野銀山（兵庫県）

● 銅山　**足尾銅山**（栃木県）…渡良瀬川流域で足尾銅山鉱毒事件が起こった

余裕があったら覚えておいてくださいね。

　また、金属には**レアアース**（希土類）と呼ばれるものや、それを含む**レアメタル**（希少金属）と呼ばれるものがあります。これらは素材の性質を高めるものとして、利用されています。

　また、都市で大量に捨てられるパソコンやスマホに含まれるレアメタルなどを鉱山に見立てて「都市鉱山」と呼び、再利用を進めています。

発電

ドイツに行ったとき、レンタカーを借りて高速道路を走りました。すると、たくさんの風車を見かけました。ドイツは風力発電がさかんなのです。しかし、最近は反対運動も目立ってきました。景観の破壊、低周波の騒音、風車の設置のために森林伐採が行われることなどが要因です。完璧な発電方法はないので難しい問題です。

日本の発電の推移

日本の発電の推移を見ていきましょう。

昔は発電のエネルギー源は水力が中心でしたが、その後火力が増えていきました。中東地域から石油を輸入するようになったあたりです。

ところが、1973年に**石油危機**が起こったことで、石油火力ばかりに頼るとよくないという考えが主流になり、国として原子力発電を進めるようになりました。

ただ、2011年の東日本大震災で福島第一原子力発電所の事故があったことで、原子力の割合は一気に減りました。

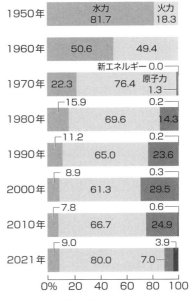

▲日本の総発電量の割合
※合計が100%になるように調整していません。

では、まずそれぞれの発電について説明していきます。

火力発電

石炭や石油、天然ガスなどの化石燃料を使います。**発電するときに二酸化炭素を多く出すため、地球温暖化の原因になる**と言われています。原料の輸入に便利な臨海部にあります。

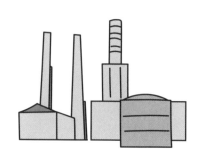

原子力発電

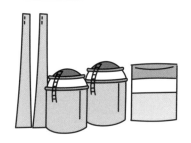

ウランを使います。**発電するときに二酸化炭素を出さないので、「環境にやさしい」**と言われてきました。発電時に発生した熱を冷ますために大量の水を使うことから、臨海部にあります。

しかし福島第一原子力発電所の事故で、大量の放射性物質が大気中や海に放出されました。原子力発電自体をやめようという声もありますが、「脱炭素社会」の実現に向けて見直されてきています。

水力発電

水力発電は、水の落ちる力で発電します。二酸化炭素を出さないのですが、**発電量が少ないうえ、ダムをつくるために自然を破壊することもあります。**

現在は、揚水式発電（電力使用量の少ない夜間に電気を使って水をくみ上

5
資源・発電

げておき、電力が必要な昼間に水を落として発電する方法）が増えてきました。場所は、**内陸部**にあります。

地熱発電

火山活動などによって発生した**蒸気**を使って発電します。**東北地方**の**奥羽山脈**付近や**大分**県にあります。**岩手県の松川地熱発電所**や、**大分県の八丁原地熱発電所**は覚えておきましょう。

比較的安定して発電できる点は魅力ですが、地熱発電所に適した場所は、すでに国立公園や国定公園に指定されていたり、温泉として利用されていたりして、新たにつくるのがなかなか難しくなっています。

風力発電・太陽光発電

風力発電は風の力で、太陽光発電は太陽光を利用して発電します。

風力・太陽光発電がなかなか普及しない理由 ……………

風力発電、太陽光発電などは、環境にやさしいのになぜほとんど行われていないのでしょうか？ これは今後も出題されそうな問題です。考えてみてください。

答えは次の２つ。

環境にいいのに普及しないのは、それなりのワケがあるんだね

・**発電量が少なく、安定しないことがある**から
・**設置や発電をするのに費用がかかる**から

環境に悪い影響を与えない発電を増やすことが望ましいのですが、費用面ではなかなかうまくいかないようです。

風力発電は青森県や北海道で、太陽光発電はあまり雨が降らない地域でさかんに行われています。

　では、ここで入試問題に挑戦してみましょう。

難関中学の過去問トライ！

北海道における風車のある市町村を示した地図２、および北海道の月別風力発電量を示したグラフ１から読み取ることができる、風車を設置するのに適している条件を説明しなさい。

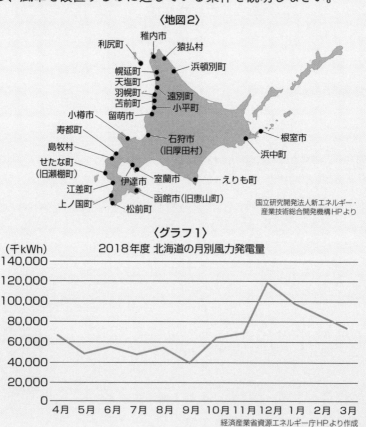

〈地図２〉

利尻町　稚内市
　　　　　　猿払村
幌延町　　　　浜頓別町
天塩町
羽幌町　　遠別町
苫前町　　小平町
小樽市　留萌市
寿都町　　石狩市
島牧村　　（旧厚田村）
せたな町
（旧瀬棚町）
江差町　　伊達市　室蘭市
上ノ国町　　函館市（旧恵山町）
　　　松前町

根室市
浜中町
えりも町

国立研究開発法人新エネルギー・
産業技術総合開発機構HPより

〈グラフ１〉
2018年度 北海道の月別風力発電量

(千kWh)

| | 4月 | 5月 | 6月 | 7月 | 8月 | 9月 | 10月 | 11月 | 12月 | 1月 | 2月 | 3月 |

経済産業省資源エネルギー庁HPより作成

（市川中）

知識があれば簡単に解くことができるものの、風力発電や風車の位置を細かく勉強したことがある人は多くないでしょう。

　風が強いところ、広い土地を確保できるところくらいは思いつくでしょうが、それだけでは満点になりません。

▲北海道（日本海側）にある風車　　　（おまさ/ピクスタ）

　そこで、まず地図2から特徴を読み取ります。明らかに日本海側に風車が多いですよね。ということは、ただ土地が広いということだけではない理由があるということです。

　次にグラフ1を見ると、12月に発電量が多いことがわかります。冬には北西の季節風がやってきます。それによって強風が吹くので、日本海側が適しているのです。

🖐 解答例

　冬の日本海側の季節風のように、一時期でも強い風が吹くことが見込めて、海沿いの広い土地を確保できる地域が適していると言える。

　この問題は東京大学の入試問題をモデルにした可能性があります。私は中学受験指導をするにあたって、主要な大学入試の問題には目を通すようにしています。

　たとえば、東大の教授がどんな問題意識を持って作問しているのか

を読み取り、それを中学受験生向けにアレンジしておくと、実際の中学入試問題に出題されることが多いのです。

　過去にどんな問題があったのか、112ページで紹介するので挑戦してみましょう。

水力・火力・原子力発電所の分布

　次に発電所の分布について見ていきましょう。

　水力発電所は内陸部、火力発電所は大都市の近くの臨海部、原子力発電所は福井県に多いというところをポイントに見分けましょう。

　もし地熱発電所の地図が出てきたら、東北地方の奥羽山脈付近と大分県に注目してください。よく試験に出ますから、見分けられるようにしておきましょう。

▲発電所の分布図

フランスは原子力、ブラジル・カナダは水力が多い

　最近では、世界各国の発電割合を選ばせる問題が多く出ています。

　フランスは原子力発電が多い国、ブラジル・カナダは水力発電が多い国と覚えてください。ブラジルにはアマゾン川という有名な川があ

りますし、カナダは自然豊かなイメージがありますよね。そのイメージを水力発電とつなげて覚えるといいでしょう。

　そして、ドイツですが、新エネルギーの割合が多いですよね。とくに風力発電がさかんです。私は世界各国を一人旅してきましたが、ドイツに行った時、レンタカーでベンツを借りて各地をめぐったことがあります。日本だと高級車の代表として知られるベンツは、なかなか買えるものではありません。でも、レンタカーだったので１日３万円くらいで借りられました。安くはありませんが、ベンツに乗って運転する夢を果たすことができたのです。各地をめぐる途中、高速道路で風車を何度も見かけました。最初はめずらしくて、「あっ、ドイツだから風力発電なんだな」と思って感激しました。でも、あまりにもたくさんあるので、途中から見慣れた風景になっていったことを覚えています。

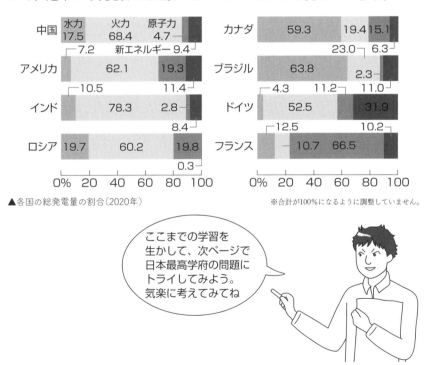

▲各国の総発電量の割合（2020年）　　　　　　　　※合計が100%になるように調整していません。

ここまでの学習を
生かして、次ページで
日本最高学府の問題に
トライしてみよう。
気楽に考えてみてね

5

資源・発電

では、最後に東大地理入試問題に挑戦してみましょう。

　図1－1は、日本における再生可能エネルギーによる発電能力(設備容量)の推移を示したものである。また表1－2は、AとBの発電能力(設備容量)について、都道府県別に上位5位までを示している。

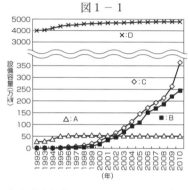

図1－1

表1－2

単位：万kW

	A(2010年)		B(2010年)
大分県	15.1	青森県	29.3
岩手県	10.4	北海道	25.7
秋田県	8.8	鹿児島県	19.8
福島県	6.5	福島県	14.4
鹿児島県	6.0	静岡県	13.0

経済産業省資料による

(1) 図表中のA～Dは、風力・水力・地熱・太陽光のいずれかである。A～DをそれぞれA－○のように答えなさい。

(2) Aの設備容量の伸びは、1995年以降停滞している。その理由をAの立地条件とともに2行以内で述べなさい。

(3) 省略

(4) Bの1、2位を占める青森県、北海道は、Bの立地条件としてどのような優位性を備えているか。自然条件の面から1行で述べなさい。

(東京大学2014)

では、解説していきましょう。

(1) 図1－1の再生可能エネルギーの中では、Dが圧倒的に発電能力が高くなっているので、水力だとわかります。

▲大分の八丁原にある地熱発電所　　（kai/ピクスタ）

次にAですが、表1－2を見ると、大分県や岩手県で多くなっているので地熱発電です。地熱発電は、大分県や奥羽山脈沿いがさかんです。

BとCは、図1－1で見ると、いずれも伸びていることがわかります。そこで表1－2からBを決めます。青森県や北海道で多くなっているので、Bは風力発電だとわかります。

👆（1）解答

　A－地熱　B－風力　C－太陽光　D－水力

（2）地熱発電の発電能力が、1995年以降ほとんど変わっていない理由を説明する問題です。ヒントは設問にある「Aの立地条件」です。
　地熱発電は天然の蒸気を利用するので、温泉として利用されていたり、国立公園内にある場所であったりすることが多いのです。

👆（2）解答例

　火山の蒸気を利用する地熱発電所は、すでに公園や温泉などに利用されていることが多いため新たにつくることが難しいから。

（4）東北地方や北海道は、風が強い地域です。でも、それだけなら他にも風が強い地域はたくさんあるはずです。

風力発電は、大きなプロペラが回る分、音も大きくなります。たくさん人が住んでいる地域の場合、騒音の苦情も寄せられやすくなるので、あまり人が住んでいない地域のほうがよいのです。

👆(4)解答例

風が強く、多くの人が住んでいない土地が確保できるから。

いかがでしたか？

東大の入試問題の中には、小学生が挑戦できるものもあります。

詳しくは、『合格する歴史の授業 上巻・下巻』の「東大日本史入試問題に挑戦！」を読んでみてくださいね。

5章はここまで。
資源と発電の重要
ポイントはしっかり
復習しよう！

6章　工業の種類

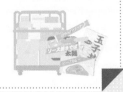

　6章からは工業について取り上げます。

　じつは、工業に苦手意識を持っている小学生はとても多いのです。

　なぜでしょう？　農業や水産業と違って、目にする機会も少なくて、実感がわきづらいためかもしれませんね。

　農業や水産業で出てくるものは、毎日自分たちが食べたり飲んだりするものですが、工業製品は、身近にはあっても小学生にあまり関係のないものばかり…。

　家に車があれば自動車のことは理解しやすいかもしれませんが、陶磁器や鉄鋼と言われても、ピンときませんよね。

　ですから、覚えるべきポイントはきっちり伝えて、少しでも楽しく勉強ができるように説明していきましょう。

重化学工業

世界の自動車生産を見ると、歴史が見えてきます。2009年に生産台数が落ち込んだのは前年にリーマンショックがあったから。2011年に日本だけ落ち込んだのは東日本大震災があったから。2020年は、COVID-19（新型コロナウイルス感染症）の影響で生産台数が減少しました。

重化学工業と軽工業の割合の変化

まず、工業は大きく2つに分けられます。

重化学工業と**軽工業**です。

さらに重化学工業の中に、**金属工業**、**機械（きかい）工業**、**化学工業**があって、軽工業の中に、**繊維（せんい）工業**、**食料品工業**、**よう業**、**製紙・パルプ業**などがあります。

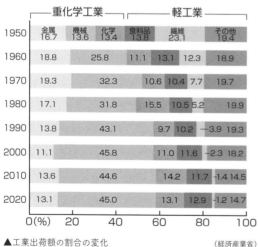

▲工業出荷額の割合の変化　　　　　　　（経済産業省）

重化学工業は、重たいものと化学工業、それ以外は軽工業と覚えておくといいでしょう。

では、まず重化学工業と軽工業の工業出荷額の割合の変化を見ておきましょう。

左のグラフを見ればわかると思いますが、**重化**

学工業は<u>70％</u>以上、軽工業は<u>30％</u>もありません。ひと昔前は、重化学工業が3分の2を占めていましたが、現在はもっと割合が増えています。

🚜 重化学工業の種類 ....

重化学工業には、**金属工業**、**機械(きかい)工業**、**化学工業**があります。どのような工業なのか、1つずつ説明していきましょう。

金属工業

金属の鉱石から鉄、アルミニウム、銅などの金属を取り出し、それらを板や棒、管、線などに加工する工業のこと。

鉄の生産は、**中国**が世界一をほこります。

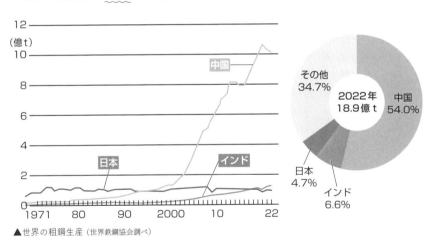

▲世界の粗鋼生産（世界鉄鋼協会調べ）

🚜 鉄の原料は、石炭を蒸し焼きにしたコークス・鉄鉱石・石灰石 .....

鉄をつくる工業のことを**鉄鋼業**と言います。鉄の原料は主に3つ。

石炭を蒸し焼きにした**コークス**と**鉄鉱石**と**石灰石**です。この3つはよく試験に出てきます。絶対に覚えておきましょう。

鉄鉱石の「鉱」という字にも注意。「鋼」と間違えないようにしてくださいね。原料は「鉄鉱石」、完成品は「鉄鋼」。この2つを区別して、覚えてしまいましょう。

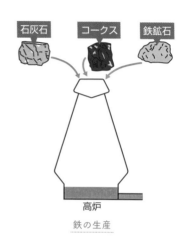

石灰石　コークス　鉄鉱石

高炉

鉄の生産

石炭と鉄鉱石の輸入先はオーストラリア

さて、石炭と鉄鉱石はどの国からの輸入が一番多いでしょうか？

答えは、**石炭も鉄鉱石もオーストラリア**です。ちなみに**石炭の2位**は**インドネシア**、**鉄鉱石の2位**は**ブラジル**です。

石炭No.1

鉄鉱No.1

石炭も鉄鉱石も輸入先1位はオーストラリア

昔は、石炭は国内で採掘できていました。また、鉄鉱石も中国から多く輸入していました。このことは『合格する地理の授業 47都道府県編』の九州地方・福岡県のページでも説明しているので、ぜひ読んでみてくださいね。

「電気の缶詰」アルミニウム

アルミニウムの原料は、ボーキサイトです。

「何それ？」と思っている人も多いかもしれませんね。ボーキサイトとは、石の１つだと思ってください。アルミニウムは、つくるのにたくさんの電気を必要とするため、「電気の缶詰」と呼ばれています。

日本では、静岡市の蒲原町で 2014 年３月まで生産していました。
日本は電気代が高いので、自国で生産しても利益が出づらいのです。ですから、現在はボーキサイトからアルミニウムを生産することはしていません。

アルミニウムは、鉄などと同じ金属ですが、おにぎりを包むアルミホイルのように、身近なところでも多く使われています。

製鉄所がある地域

製鉄所がある地域は、できれば全部覚えましょう。
「暗記は苦手だ、やりたくない！」という場合は、まず鹿嶋市、君津市、川崎市、東海市、倉敷市から押さえてください。

ただし、日本の鉄鋼業は、安く大量生産している中国に押されてしまっています。
たとえば呉市にある日本製鉄の高炉は、2023 年にすべて閉鎖。

室蘭市
加古川市
神戸市
倉敷市
北九州市
大分市
和歌山市　東海市　川崎市
鹿嶋市
千葉市
君津市

▲製鉄所がある地域

和歌山県や北九州の高炉も、部分的に閉鎖することが決まっています。

鉄鋼業がさかんな都市の覚え方 ·······················

6年生の授業では、いきなり「鉄鋼業がさかんな都市を5個書いてみよう」と課題を出すことがあります。

5都市がすぐに出てくれば立派です！ みなさんも1つでも多く覚えておいてくださいね。

普段あまり語呂合わせは使わないのですが、ちょっとつくってみました。

「**おおきくかわいい神様、とうさんかあさん**

大分 北九州 倉敷 加古川 和歌山 神戸 東海 川崎

むかしはチキン」

室蘭 鹿嶋 千葉 君津

どうでしょう？

「**おお き く かわ**いい**神**様、**とう**さん**か**あさん、**むかし**は**チキン**」

大きな声を出すと、お父さんやお母さんに怒られてしまうかもしれませんから、小さな声でお願いしますね。

はい！ ではみなさん声に出してみましょう！

機械工業の代表と言えば自動車工業

では、次に機械工業を見ていきましょう。

機械工業

　鉄などの金属を主な材料にして、自動車、船舶、電気機器、精密機械などをつくる工業。

　日本では、機械工業の中でも**自動車工業**がさかんです。**愛知県豊田市**に本社があるトヨタ自動車は有名ですよね。

　豊田市は企業を中心に発展した都市なので、**企業城下町**と呼ばれています。そもそも「城下町」とはどういう意味なのか知っていますか？

　昔、お殿様がお城に住んでいた頃、お城を中心に町が発展しました。そのような町のことを城下町と呼ぶのです。

自動車工業がさかんな豊田市、太田市、府中町

自動車工業がさかんな都市として覚えてほしいのは、次の通りです。

豊田市（愛知県）、**太田市（群馬県）**、**府中町（広島県）**、**横須賀市（神奈川県）**

こちらも覚えやすいように、語呂合わせにしてみました。

「**おお！ ふ と っ た よ**」
　太田　　府中　豊田　　横須賀

123

え？ おもしろくない？

たしかに、先ほどの「とうさんかあさん、むかしはチキン」ほどのインパクトはありませんが、ぜひ覚えておいてくださいね。

▲自動車工業がさかんな都市

太田市

豊田市

府中町

横須賀市

効率よく生産するための「ジャストインタイム方式」……

自動車は、**2～3万個**の部品でつくられています。

ものすごい量です！ これらを全部１つの工場でつくるのが難しいということは想像できますね。

そこで、部品は<u>関連工場</u>でつくり、それを<u>組立工場</u>で完成させています。

▲自動車は関連工場でつくった部品を組立工場で完成させる　　　　　（TRAIMAK/ピクスタ）

部品が余るともったいないので、必要なものを必要なときに必要な量だけつくって運び込むという「ジャストインタイム方式」がとられています。

この話をすると、よく「先生、まとめてつくっておけばいいんじゃないですか？」という質問を受けます。

これはかなりいい視点です。まとめてつくったほうが安くつくれそうですよね。

では、なぜそのようにしないのか？ ちょっと考えてみてください。

ヒントは、「つくった部品をどこに置いておくのか？」ということ。
…考えてみましたか？　それでは解説しましょう。

　部品を置いておくためには、場所がないと困ります。しかも、いくら「必要なときに必要な量を」と言っても、かなりの量になってしまいますから、大きな倉庫が欠かせません。

　そうすると、場所代も、管理者の人件費もかかります。そこで、「できるだけ効率よく生産するためにムダを省こう」というのがジャストインタイム方式なのです。

自動車生産の流れ

　自動車生産は、作業を細かく分担し、ベルトコンベアを使って流れ作業で行われます。稲作の流れと同じように、自動車生産のしくみの順番も試験によく出ます。

　その中でも、プレス→溶接→塗装→組立だけは覚えてください。

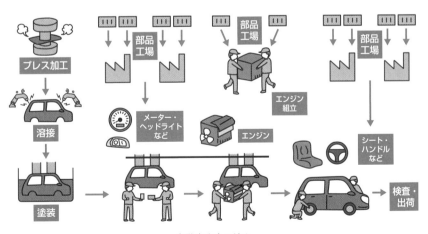

自動車生産の流れ

戦後も伸び続けた日本の自動車生産

　日本の自動車生産は、戦後どんどん増えていきました。

　1955年から1973年までの**高度経済成長期**にも伸び続け、いったん石油危機でストップしたあとも、また増え続けています。なぜでしょうか？

　それは、**日本車の燃費がよかった**からです。

　だって少しの燃料でたくさん走れたほうが、お財布にやさしいですからね。

　ところが、日本車が売れて日本が儲けすぎたことで、アメリカと貿易摩擦が起こりました。

　「ちょっと君、1人で儲けすぎだよ。ずるいんじゃないの？」と言われてしまったのです。その後、日本は自主規制して輸出を減らしたり、アメリカで自動車をつくる<u>現地生産</u>を進めたりしました。

　現地生産を行えば、地元のアメリカ人が雇われるので、アメリカの経済にもプラスになります。こうしてアメリカの不満を少しずつ解消しようとしたわけです。

　その後、1990年代はアメリカが生産台数1位でしたが、**現在では<u>中国</u>が1位になっています。**2位は<u>アメリカ</u>、3位が<u>日本</u>です。

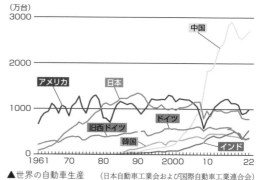

▲世界の自動車生産　　（日本自動車工業会および国際自動車工業連合会）

6
工業の種類

昔は日本が生産量１位だった造船業 ･･････････････････････････

造船業も機械工業の中
の１つです。昔は日本が
世界一船をつくっていた
のですが、2000年頃に
韓国に抜かれ、中国にも
抜かれてしまいました。
何だか残念な話ですね
…。造船だけではなく、
韓国、中国に追い抜かれ
たものは他にもたくさんあります。

▲造船業がさかんな都市

呉市　神戸市
坂出市
佐世保市
長崎市　今治市　横須賀市

現在は、韓国の造船業も中国に押されて衰えてきており、中国が１
位、韓国が２位、日本が３位となっています。

造船業がさかんな都市には、**今治市（愛媛県）、佐世保市・長崎市（長
崎県）、呉市（広島県）、坂出市（香川県）、横須賀市（神奈川県）** が
あります。

「さかな、くさいよ！」

佐世保　長崎　呉　坂出　今治　横須賀

語呂合わせで
覚えよう！

なんて語呂合わせはどうでしょう？
「か」の都市もあるといいのですが…。
あっ！ 神戸市（兵庫県）もありますね。

「このさかな、くさいよ！」

神戸　佐世保　長崎　呉　坂出　今治　横須賀

技術力があっても価格競争で負けてしまう日本 …………

機械工業の最後に、**集積回路**の話をしておきましょう。

パソコンやデジタルカメラに使われる集積回路は、世界中でつくられるようになりました。

かつては日本が世界一でしたが、近年は他国の企業のほうが、売上高が大きくなっています。…またしても残念な話ですね。こう見ていくと、日本の工業の未来は厳しい気がしてきますよね。

では、なぜ日本の売上高が落ちてしまったのか。

それは、いくら**技術力があっても価格競争**で負けてしまうことが多いからです。

中国や東南アジアのほうが、**人件費や土地の値段が安い**ことから、製品を安くつくることができるのです。パソコンにしても、現在は多くが中国製になってきています。

技術力だけ
優れていても、
なかなか
生き残れないんだね…

東北のシリコンロードと九州のシリコンアイランド ……

ちなみに、東北自動車道沿いに集積回路をつくる工場が多くあることから、**東北自動車道沿いをシリコンロード**と呼ぶことがあります。

同じく熊本県などの九州地方の空港周辺に多くの工場があることから、**九州をシリコンアイランド**と言うこともあります。覚えておきましょう。

きれいな水や空気があると、集積回路<ruby>集積回路<rt>しゅうせきかいろ</rt></ruby>をつくる場所に向いていますし、近くに高速道路や空港があると、輸送にも便利です。

また、東京都などの大都市よりも人件費が安いということ

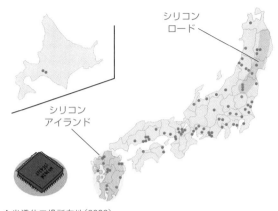

▲半導体工場所在地（2022）

も、地方で集積回路<ruby>集積回路<rt>しゅうせきかいろ</rt></ruby>が多くつくられる要因になったのでしょう。

ただ、いくら安いと言っても韓国や中国よりは高くなってしまうので、日本はなかなか価格競争に勝てないのです。

外国に生産拠点を移す「産業の空洞化」が進んできた…

日本でも、外国に生産拠点を移す企業が多くあります。これは機械<ruby>機械<rt>きかい</rt></ruby>工業だけではなく、他の工業でも同じです。

人件費や土地の値段が安い国でつくったほうが利益を出しやすいと考えて、中国やタイ、ベトナムなどに工場をつくるのです。

これによって、日本国内の産業が衰える<ruby>衰える<rt>おとろ</rt></ruby>、「産業の空洞化<ruby>空洞化<rt>くうどう</rt></ruby>」が進んできました。

プラスチックから石けんまでつくる化学工業 ……………

では、次に化学工業について説明していきますよ。

化学工業

　石油や塩などを原料とし、それを化学的に変化させて製品をつくる工業のこと。合成ゴム、化学肥料、プラスチック、石けん、薬品、化粧品など。石油化学工業が中心。

　石油化学工業は、**原油から得られるナフサを原料**にして、プラスチックなどのさまざまな製品をつくっています。**石油化学コンビナート**では、工場を集めてパイプなどでつなぎ、効率よく生産できるようにしています。右図は石油化学コンビナートがある場所です。

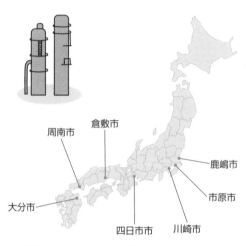

▲石油化学コンビナートがある都市

周南市　倉敷市　鹿嶋市　市原市　大分市　四日市市　川崎市

　鉄鋼業も同じですが、関東から九州にかけての**臨海部**で工業が伸びていますよね。その地域のことを**太平洋ベルト**と言います。

　新幹線や**高速道路**といった交通網も発達しているため、**人口**が集中しています。**労働力**も得やすいですし、**消費者も多く住んでいます**よね。だから、工業が発達している地域が集中しているのです。

▲千葉の石油化学コンビナート　（トシチャン/ピクスタ）

その中でも、「**化学工業と言えば千葉県**」というくらい、千葉県は化学工業がさかんです。

🚜 化学工業の場所を語呂合わせで覚える ··································

　化学工業の場所は覚えにくいので、また語呂合わせをつくってみました。

「**川**に**大鹿４**ひき、**くら**し**てい**ま**しゅ**」

川崎　大分　鹿嶋　四日市　倉敷　市原　周南

どうでしょうか？
自分オリジナルの語呂合わせをつくるのもいいですね。

　これで重化学工業は終わりです。金属工業、機械工業、化学工業、いずれも覚えることがたくさんあって大変ですが、ポイントをしっかり覚えておきましょう。

次ページからは、軽工業について解説するよ。

軽工業

軽工業
の
豆知識

名前は控えますが、ある製紙会社の会長が会社のお金を100億円以上不正に引き出した事件がありました。理由はカジノ。超難関校から東大出身という経歴も注目されましたが、金額も驚きですよね。ティッシュペーパーは生活必需品ですし、必ず売れるものだから会社にお金もあるのでしょう。

戦前の日本の工業の中心だった繊維工業 ....

　軽工業について、解説していきます。まずは、繊維工業からです。繊維工業を簡単に説明すると、次のようになります。

繊維工業

　綿花、**羊毛**、かいこの**まゆ**から天然繊維をつくったり、人工的に合成して**化学**繊維をつくったりする工業のこと。戦前の日本の工業の中心だった。

　綿花から綿糸、羊毛から毛糸、かいこのまゆから生糸をつくります。

　かつては山梨県の甲府盆地や、長野県の諏訪湖周辺で、かいこのまゆから生糸をつくる養蚕業がさかんでした。

▲生糸がつくられるまゆ　（topic_g4/ピクスタ）

　ところが、今や天然繊維より、ポリエステルやナイロンなどの化学繊維が主流になっています。

身近な工業と言えば食料品工業 ·····························

食料品工業についても、触れておきましょう。

食料品工業

食べ物をつくる工業のこと。景気の影響を受けにくい。

食べ物をつくる食料品工業

食べ物をつくる工業ということ
は、私たちの生活に直接関係のある
ものをつくっている工業というこ
とになりますね。

ちなみに、魚のすり身からつくっ
たかまぼこなどのことを何と言う
か知っていますか？　答えは「練り
もの」。覚えておきましょうね。

他には、レトルト食品や冷凍食品があります。レンジでチンして食
べる、あの食品のことです。

陶磁器やセメント・ガラスをつくる、よう業 ·····················

続いて、よう業です。

よう業

かまを用いて、土などを加熱・加工する工業のこと。陶磁器の他、
セメントやガラスをつくる。

よう業がもっともさかんな地域は、愛知県です。

「瀬戸物」という言葉を聞いたことはありませんか？ **愛知県瀬戸市**では、焼き物（陶磁器）の生産で有名です。瀬戸物という名前は、もともと瀬戸市周辺でつくられたからだと言われています。

▲日本の焼き物の代名詞である瀬戸市

他にも、有田焼、清水焼、九谷焼、益子焼などたくさんありますが、陶磁器については伝統工業で詳しく扱いますね。

生活に欠かせない紙をつくる製紙・パルプ工業

製紙・パルプ工業

木のチップを溶かすなどして、紙の原料となる**パルプ**をつくり、**パルプ**と古紙から紙を製造する工業のこと。

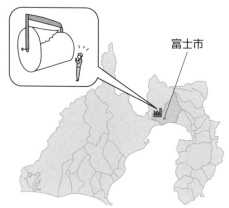

▲身近な商品が多い製紙・パルプ工業

製紙・パルプ工業は、**静岡県の富士市**が有名です。東海道新幹線で東京都から西に行くと、富士川を過ぎたあとに右手に見えてきます。ぜひ、新幹線に乗ったら見てみてくださいね。

煙がもくもく出ていて、「○○製紙」という会社名も見ることができるはずです。背景には富士山がそびえていますよ。

　紙と言っても、単に書くための紙だけではありません。トイレットペーパーやティッシュもありますよね。

　以上で、軽工業の解説は終わりです。

　重化学工業に対して、軽工業は私たちの生活に密着している身近なものが多いですね。重化学工業と軽工業をしっかり区別して、間違えないように気をつけましょう。

おつかれさまでした！
次の章では、工業地帯と
工業地域について
勉強していこう！

7 章 工業地帯と工業地域

「工業地帯は戦前から工業が発達していたところ、工業地域は戦後になって工業が発達したところ」と覚えてもいいのですが、じつはこの区分には明確な基準はありません。呼び方が違うのに、その理由はあいまいと言われても困りますよね。

北九州工業地帯は、工業生産額が他の工業地帯と比べてあまりにも少ないため、北九州工業地域と呼ばれるようになってきました。この時点で、工業地帯と工業地域の違いは歴史とは関係なさそうです。では出荷額が理由？でも、京浜工業地帯より関東内陸工業地域のほうが出荷額が多いですし、よくわかりません。世の中ってそういうものです。

山地と山脈の違いだって、山脈が「山の頂上部分が連なっている」と言われても、どのくらい連なっていたら山地ではなく山脈と呼ぶのかは人の判断次第ですしね。深く考えずに、そういうものだと思って暗記しましょう。

今回は工業地帯、工業地域のグラフを見分けることが重要です。中京工業地帯なら機械工業が多い、京葉工業地域なら化学工業が多いというような選ぶポイントがあります。演習のときにも、グラフに印をつけながら解いていくことが重要です。

工業地帯

北九州工業地帯のグラフを選ぶとき、食料品工業の割合が多いところをポイントにします。でも、食料品工業がさかんなわけではないのです。「？」となりそうですが、理由は簡単。他の工業が大したことないから食料品工業の割合が高いのです。食料品は人口がいるところで必ずある程度は生産しているものですからね。

工業地帯と工業地域の違い

まずは工業地帯を確認していきましょう。

▲日本の工業地帯と工業地域

左の地図を見てください。主要な工業地帯と工業地域のどちらも載せていますが、今回は工業地帯について解説していきますよ。

　東から、<u>京浜</u>（けいひん）工業地帯、<u>中京</u>（ちゅうきょう）工業地帯、<u>阪神</u>（はんしん）工業地帯、<u>北九州</u>工業地帯の４つがあります。

　148ページ以降で工業地域のことも取り上げますが、まず工業地帯と工業地域がどう違うのかを説明しておきましょう。

> 工業地帯：戦前から工業が発達していたところ
> 工業地域：戦後になって工業が発達したところ

　たとえば、北九州工業地帯は、1901年に八幡製鉄所（やはたせいてつしょ）が操業（そうぎょう）を開始してから、日本の工業の中心とも言える役割を果たしていました。

　戦争が終わったのは、1945年のことなので、戦前から工業が発達していたところだとわかりますよね。

　ところが、この北九州工業地帯に残念なことが起こってしまったのです。

　もともと工業地帯は、<u>京浜</u>（けいひん）、<u>中京</u>（ちゅうきょう）、<u>阪神</u>（はんしん）、<u>北九州</u>の４つを合わせて「四大工業地帯」と呼んでいました（これらはすべて<u>太平洋ベルト</u>沿いにあります）。

　しかし、北九州工業地帯は、生産額の面で他の工業地域にどんどん抜かれてしまい、今では

他の工業地域に生産額が抜かれてしまった
北九州工業地帯

京浜工業地帯、中京工業地帯、阪神工業地帯の３つで「三大工業地帯」
と呼ばれるようになってしまったのです。

　北九州工業地帯は、なんだか仲間外れにされてしまったみたいです
よね…。「おい、北九州。お前は弱いから、もうメンバーには入れて
あげないからな」と言われてしまったような感じでしょうか。

　北九州工業地帯には、がんばってもらいたいですね。

出荷額が一番大きい工業地帯は、中京工業地帯

では、**出荷額が一番大きい工業地帯**はと言うと、**中京工業地帯**です。
工業出荷額の移り変わりがわかる下表を見ていきましょう。

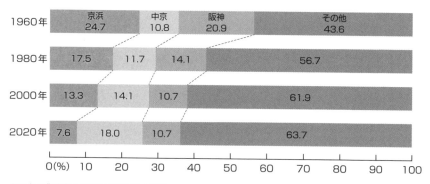

▲三大工業地帯の工業出荷額割合の推移

　現在の１位はダントツで中京工業地帯ですが、京浜工業地帯が長く
１位だった時期もあります。阪神工業地帯を見てみると、割合が昔よ
りも約半分に減っていますね。

　自動車工業は日本の工業の中心を担っているので、豊田市がある中
京工業地帯の占める割合がどんどん高くなっています。

　また、京浜工業地帯は、土地が足りなくなっています。これ以上東

京湾を埋め立てるわけにもいかないため、内陸部に工場がつくられるようになり、割合が減ってしまいました。

　このように、三大工業地帯の出荷額の割合が高くなったり低くなったりすることには、いろいろな理由があるのです。

　それから、あまり教えてもらえないことなのですが、重要なことが1つあります。出版業はもともと工業扱いだったのですが、2002年からは工業ではなくなってしまいました。

　印刷業が工業なのに対して、「出版業は本にして売ることが仕事なので、工業ではないでしょう」という判断をされてしまったのです。

　出版業が多い京浜工業地帯の割合が低くなってしまった背景には、そんな理由もあります。

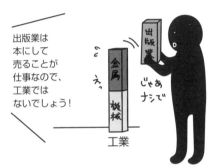

出版業が工業枠から外れ、京浜工業地帯の出荷額も減った

　では、主要な工業地帯について1つずつ詳しく見ていきましょう。

それぞれの工業地帯の場所と特徴

京浜工業地帯

　京浜工業地帯から解説していきます。

　まず、地図を見ながら「何でこんな名前なのかな?」と考えてみてください。

「京浜」という名前は、東京都と横浜市からひと文字ずつとったものです。意味を考えれば、場所がどこなのかを間違えることはありませんよね。

東京都と**神奈川県**に広がる**京浜工業地帯**の特徴は、**印刷業がさかん**なことです。**東京都は日本の首都であり、政治・経済・文化の中心**なので、印刷される量がとても多いのです。

京浜工業地帯は
「印刷業がさかん」
「機械工業が
出荷額の50％」
と覚えておこう

また、**機械工業の割合は出荷額の約50％**を占めています。この割合はグラフを見分ける際に必要ですから、覚えておいてくださいね。

鉄鋼業と**石油化学工業**に**力を入れている川崎市、自動車工業**と**造船業でにぎわう横須賀市**は、2つとも神奈川県にあります。

ちなみに横須賀市にはアメリカ軍の基地があり、長崎県の佐世保市にもアメリカ軍の基地があります。

米軍基地がある横須賀は造船業がさかん、と覚えよう

軍事上重要な場所だからこそ、造船業もさかんなのでしょうね。

● 京浜工業地帯の重要な都市

覚えてほしい都市は、以下の通りです。

まずはAの都市を押さえましょう。Bは余裕があれば覚えてほしい都市、Cはマニアックに勉強したい人向けの都市です。

A 　川崎市（鉄鋼・石油化学）、横須賀市（自動車・造船）
B 　小田原市（水産加工）、横浜市（造船・電気機器）、府中市（電気機器）、日野市（自動車）
C 　藤沢市（自動車）

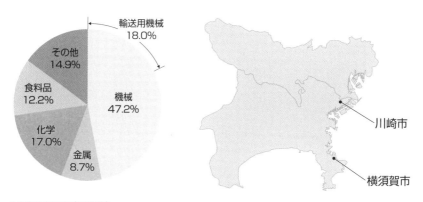

輸送用機械
18.0%

その他
14.9%

食料品
12.2%

化学
17.0%

金属
8.7%

機械
47.2%

川崎市

横須賀市

▲京浜工業地帯（2020年）

中京工業地帯

　続いて、中京工業地帯です。

　これも名前の由来を考えてみてください。どうして「中京」なのでしょう？　じつは、東京都と京都府の中間にあるからです。2つの「京」の真ん中ということですね。

　中京工業地帯は、もっとも出荷額の大きい工業地帯です。自動車工業で有名な企業城下町・豊田市のイメージが強いので、愛知県が含まれていることはわかりますよね。

　ただ、岐阜県と三重県も忘れないようにしましょう。**三重県は近畿地方に位置しますが、工業地帯では中京工業地帯に入ります。**

●中京工業地帯の重要な都市

では、覚えるためのヒントをお伝えします。**鉄鋼業がさかんな東海市**で鉄をつくって、その鉄を使って豊田市で自動車がつくられると考えましょう。

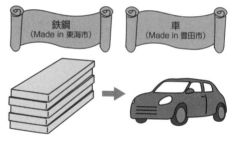

鉄鋼
(Made in 東海市)

車
(Made in 豊田市)

東海市の鉄鋼で豊田市の自動車がつくられる、と覚えよう

SUZUKA CIRCUIT

三重県の**鈴鹿市**には、「鈴鹿サーキット」があります。聞いたことはありませんか？ F1レースが行われるあの場所です。だから「**自動車工業がさかん**」と覚えられますね。

鈴鹿市→F1→自動車工業と連想しよう

四日市市は石油化学工業で有名です。過去には**二酸化硫黄によって、四日市ぜんそくという公害病が起こりました。**

実際に私が四日市市に足を運んだときも、煙がもくもくしていました。公害病はなくなったと言っても、あまり環境にはよくなさそうだなと感じてしまいました。

四日市ぜんそく→石油化学工業、と覚えよう

また、6章のよう業のページで出てきましたが、愛知県は陶磁器の生産で知られています（134ページ）。**愛知県の瀬戸市**と、**岐阜県の多治見市**は絶対に覚えておきましょう。

A **豊田市（自動車）、東海市（鉄鋼）、四日市市（石油化学）、瀬戸市・多治見市（陶磁器）**

B 鈴鹿市・豊橋市（自動車）、常滑市（陶磁器・タイル）、名古屋市（機械・航空機）

C 一宮市（毛織物）

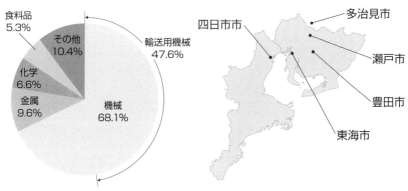

▲中京工業地帯（2020年）

阪神工業地帯

次は、阪神工業地帯です。この場合も、名前の由来を考えてみましょう。どうして「阪神」なのでしょうか？

大阪府と神戸市からひと文字ずつとったからです。阪神と言えば、何と言っても「阪神タイガース」です。野球好きな人なら、場所を間違えることはありませんね。

大阪府、兵庫県、和歌山県を含む阪神工業地帯は、かつて日本一の

工業地帯でしたが、現在は２位。中小工場が多いのが特徴です。

　また、昔から繊維工業に力を入れていました。

　これは覚えなくてもいいのですが、綿織物が多くつくられることから、以前の大阪は「東洋のマンチェスター」と呼ばれるほどだったのです。マンチェスターとは、綿工業（木綿工業）の一大産地として繁栄したイギリスの都市のことです。

　他には、金属工業の割合が高くなっていますね。これもグラフを見分ける際に使うので、覚えておきましょう。

　貿易港もある神戸市では、造船業がさかんです。昔から外国との貿易を行ってきたため、神戸では、洋風の建物をたくさん見ることができます。

　電気機器の生産に力を入れている門真市は、企業城下町です。

　綿織物の生産で有名な都市は、泉大津市と関西国際空港がある泉佐野市。これもできれば覚えましょう。

門真市にパナソニック本社→電気機器、と覚えよう

A　神戸市（造船・清酒）、門真市（電気機器）

B　和歌山市（鉄鋼）、茨木市・高槻市・大東市（電気機器）、
　　泉佐野市・泉大津市（綿織物）、堺市（化学）

C　加古川市（鉄鋼）、有田市（製油）

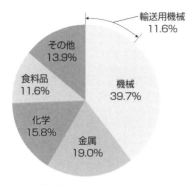

▲阪神工業地帯（2020年）

神戸市
門真市

北九州工業地帯

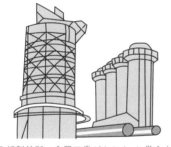

八幡製鉄所→金属工業がさかん、と覚えよう

北九州工業地帯は、八幡製鉄所（や　はたせいてつしょ）がつくられたことから、金属工業がさかんです。そうは言っても、生産額も工業地域に抜かれてしまい、四大工業地帯からも外されてしまうほどです。

　グラフを見分ける際に、**食料品工業の割合が20%近くある**ことが重要になるので、覚えておいてくださいね。

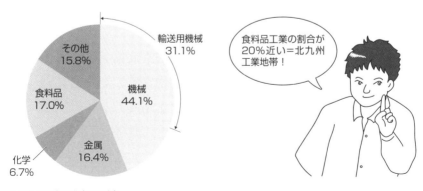

▲北九州工業地帯（2020年）

食料品工業の割合が
20%近い＝北九州
工業地帯！

工業地域

工業地域の豆知識

名前に東京がついているのに、実際には千葉県に位置するテーマパークがあります。名前は控えますが、ネズミのキャラクターのアレです…。京葉工業地域も東京の京という字がついていますが、千葉県の工業地域ですので気をつけましょう。

戦後栄えた工業地域

　ここでは、工業地域について解説します。重要なポイントを1つずつ見ていきましょう。

関東内陸工業地域

　関東内陸工業地域は、**埼玉県、群馬県、栃木県に広がる工業地域**です。京浜工業地帯の臨海部には、これ以上工場を設置する場所がないため、内陸部に工場が建てられるようになりました。機械工業の割合が50%近いというのも重要ですが、内陸で海がない分、化学工業の割合が低いということも、見分けるポイントになります。

秩父産

セメント

秩父市の石灰石→セメント業、
と覚えよう

　自動車工業が有名で、企業城下町でもある**太田市**は、よく試験に出ます。また、埼玉県の**秩父市**も、**原料の石灰石が大量にとれることからセメント業**がさかんです。

群馬県桐生市や栃木県足利市など、絹織物の生産に力を入れている都市が多いことも、余裕があれば覚えましょう。

A　**太田市（自動車）、秩父市（セメント）**
B　桐生市・伊勢崎市・足利市（絹織物）
　宇都宮市（食料品・機械）

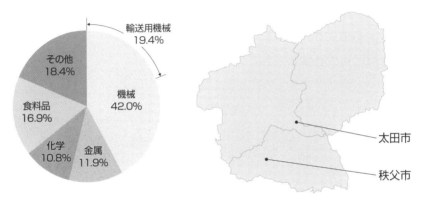

輸送用機械 19.4%
その他 18.4%
機械 42.0%
食料品 16.9%
化学 10.8%
金属 11.9%

太田市
秩父市

▲関東内陸工業地域（2020年）

瀬戸内工業地域

　瀬戸内工業地域は、瀬戸内海に面した中国地方と、四国地方の都市を中心に発達した工業地域です。

　瀬戸内工業地域が出題されるときは、「**塩田や軍用地の跡地につくられた**」という言葉がよく出てくるので覚えておきましょう。

　また、京葉工業地域ほどではないのですが、化学工業の割合も高くなっています。

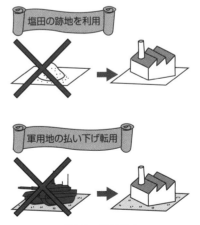

塩田の跡地を利用

軍用地の払い下げ転用

瀬戸内工業地域は
塩田や軍用地の跡地につくられた

倉敷市の水島地区は、鉄鋼業や石油化学工業がさかんで、石油化学コンビナートが見られます。他にも造船業でにぎわう呉市、自動車工業で有名な府中町など、覚えたほうがいい都市がたくさんあります。

A　倉敷市（鉄鋼・石油化学）、
　　呉市（造船）、
　　府中町（自動車）、
　　宇部市（セメント）、
　　周南市（石油化学）、
　　今治市（タオル）、坂出市（造船）

B　岩国市・新居浜市（石油化学）、
　　福山市（鉄鋼）、防府市（自動車）

C　下関市（造船）、四国中央市（製紙）

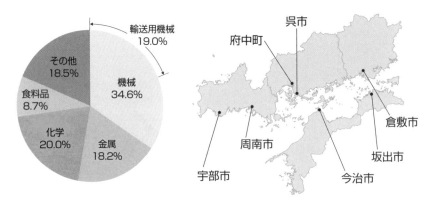

▲瀬戸内工業地域（2020年）

京葉工業地域

　京葉工業地域の「京葉」も、今までの工業地域と同じで、地名から名前がついています。東京都と千葉県からひと文字ずつとって「京葉」です。東京湾に面した千葉県の工業地域だと思っていいでしょう。

京葉工業地域は「化学工業と言えば千葉県」と言うくらい、化学工業がさかんです。約40％が化学工業で、他と比べても化学工業の割合が非常に高いことがわかります。中でも市原市が有名です。

▲化学工業がさかんな京葉工業地域　　　（うっちー/ピクスタ）

化学工業の他には、鉄鋼業にも力を入れています。鉄工業で代表的な地域は、千葉市と君津市です。とくに君津市は、八幡製鉄所の機能を一部移したことで、鉄鋼業が活発になりました。

A　君津市・千葉市（鉄鋼）、市原市（石油化学）
C　市川市（鉄鋼）・袖ヶ浦市（石油化学・製油）

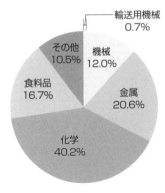

▲京葉工業地域（2020年）

千葉市
市原市
君津市

東海工業地域

東海工業地域は、静岡県の太平洋側で発達した工業地域です。ここも関東内陸工業地域と同じく、**機械工業の割合が約50%**と高くなっています。

楽器やオートバイが有名な浜松市

とにかく試験に出やすいのは、**浜松市と富士市**です。企業城下町の**浜松市では楽器やオートバイ**が有名です。また、**富士市では製紙・パルプ**業がさかんです。

A **浜松市（楽器・オートバイ）、富士市（製紙・パルプ）**
B 富士宮市（製紙・パルプ）、焼津市（水産加工）
C 磐田市（自動車・楽器）

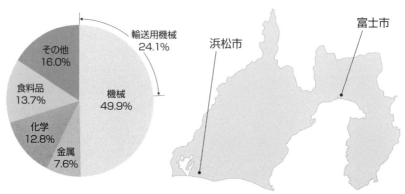

▲東海工業地域（2020年）

その他 16.0%
食料品 13.7%
化学 12.8%
金属 7.6%
機械 49.9%
輸送用機械 24.1%

浜松市

富士市

鹿島臨海工業地域

鹿島臨海工業地域は、茨城県の鹿嶋市、神栖市に広がる工業地域で

す。工業地域の名前は「鹿島臨海」なのに、都市名は「鹿嶋」市です。これはとても間違えやすいので、気をつけてくださいね。

　この他にも、神栖市の「栖」を「栖」と書いてしまうミスもよくあるので注意しましょう。

　このあたりは**砂浜海岸**なので、港をつくるのには向いていませんでした。どうしてなのかは簡単に想像できそうですよね。

　もし砂浜に大きな荷物を積んだ船が近づくと…船はきっと動けなくなってしまいますよね。

　みなさんが海水浴中に、大きな貿易船が海岸に近づいてきたことがありますか？　きっとないですよね。

　では砂浜海岸では、どのように対応したのでしょうか。ちょっと考えてみてください。

　正解は、「**掘り込み港をつくった**」です。

　掘り込み港とは、本来港ではなかった地域に、海側から陸地を掘り込んでつくる港のことを言います。

　海岸から内陸に向けて水路を掘っていき、コンクリートで固めたら、船も入ってくることができます。

▲Y字型の掘り込み港の鹿島臨海工業地域
（じゅらいじゅらい/ピクスタ）

　とくに鹿島臨海工業地域は、写真のような「Y字型」の掘り込み港で有名なので、覚えておきましょう。

A　鹿嶋市（鉄鋼）、神栖市（石油化学）

北陸工業地域

北陸工業地域は、その名の通り、北陸地方の都市を中心に発達した工業地域です。

石油化学工業や金属工業もさかんですが、よく試験に出てくるのは伝統工業のことです。代表的なものに、高岡市の銅器などがあります。詳しくは、162ページ以降の伝統工業のところで説明しますね。

A　<u>富山市（製薬）</u>
C　福井市（繊維）

まず、ここだけは覚えてほしいという工業地域は以上です。
赤字のポイントは、しっかり押さえてくださいね。

最後に、ぜひ勉強しておいてほしい2点を伝えておきます。

1. 工業地帯、工業地域を合わせた出荷額の順位を2位まで言えるようにしておくこと

2. 工業地帯、工業地域の工業出荷額の割合のグラフを見て、どの工業地帯、工業地域のことなのかを答えられるようにしておくこと

「そんなことを言われてもイメージできないよ…」と思うかもしれませんね。そこで、ちょっと入試問題に挑戦してもらいましょう。

難関中学の過去問トライ！

大阪湾周辺の工場が集中している地帯は、阪神工業地帯と呼ばれています。【資料2】のA～Cは、日本の三大工業地帯のいずれかについて、1960年・1980年・2019年の全国の工業製品出荷額にしめる割合（％）を示したものです。A～Cにあてはまる組

み合わせとして正しいものを次のア～カから１つ選び、記号で答えなさい。

【資料２】

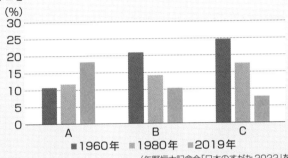

(%)

A　B　C

■1960年　■1980年　■2019年

(矢野恒太記念会「日本のすがた2022」をもとに作成)

ア．A＝京浜工業地帯　　B＝中京工業地帯　　C＝阪神工業地帯

イ．A＝京浜工業地帯　　B＝阪神工業地帯　　C＝中京工業地帯

ウ．A＝中京工業地帯　　B＝京浜工業地帯　　C＝阪神工業地帯

エ．A＝中京工業地帯　　B＝阪神工業地帯　　C＝京浜工業地帯

オ．A＝阪神工業地帯　　B＝京浜工業地帯　　C＝中京工業地帯

カ．A＝阪神工業地帯　　B＝中京工業地帯　　C＝京浜工業地帯

(鷗友学園女子中)

　出荷額の順位を覚えていたら、簡単に解くことができます。

　出荷額が一番多い工業地帯は中京工業地帯、２位は阪神工業地帯です。2019年のデータでもっとも数値が高いのはA、2番目はBですね。Aが中京工業地帯、Bが阪神工業地帯です。

　よって、答えは「エ」となります。

　京浜工業地帯はかつて日本一の工業地帯でしたが、もうこれ以上埋め立てるわけにはいかず、内陸部に工場がつくられるようになって、割合が減ってしまったのでしたね。

難関中学の過去問トライ！

次のA～Cのグラフは、臨海部に工業地帯・工業地域が位置する三つの府県（千葉県、愛知県、大阪府）のいずれかの製造品出荷額等の割合（2019年）を示したものです。A～Cと府県の組み合わせとして正しいものを後の**ア～カ**から一つ選び、記号で答えなさい。

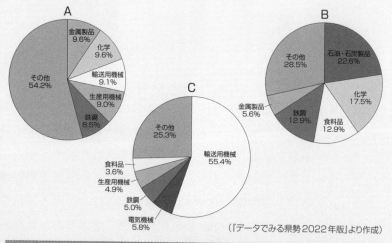

（『データでみる県勢 2022年版』より作成）

	A	B	C
ア	千葉県	愛知県	大阪府
イ	千葉県	大阪府	愛知県
ウ	愛知県	千葉県	大阪府
エ	愛知県	大阪府	千葉県
オ	大阪府	千葉県	愛知県
カ	大阪府	愛知県	千葉県

（吉祥女子中）

グラフの見方がわかりましたか？

　今度は出荷額の割合について府県の組み合わせ問題ですが、わかりやすいものから選んでいきます。

各工業地帯・工業地域のポイントさえ押さえれば、難関校も怖くないね

まず、輸送用機械の割合の高さ（50％以上）から、Ｃが中京工業地帯が位置する愛知県であることがわかりますね。

残る候補は、京葉工業地域の千葉県と阪神工業地帯の大阪府です。化学工業の割合が高いのは京葉工業地域でしたよね。というわけで、化学が17.5％と高く、化学工業とも関連する石油・石炭製品の割合も高いＢが千葉県となります。

Ａは、金属製品に注目しましょう。阪神工業地帯は金属工業の割合が高くなっていると勉強しましたよね。よって正解は「オ」です。

このように、各工業地帯・地域でどの割合が高い（低い）のか、特徴を正確に押さえておくと、難関校の入試問題にもきちんと対応できます。

7章はこれで終わり！工業地帯と工業地域のポイントは、何度も読み返して覚えよう！

8 章

さまざまな工業と公害

　日本各地を旅行すると、地理で勉強する伝統的工芸品に出合うことが多くあります。京都市の清水寺（きよみずでら）の近くには清水焼（きよみずやき）を売っているお店があったり、広島市のアーケードには熊野筆（くまのふで）の専門店があったり。盛岡市の「岩鋳鐵器館（いわちゅうてっきかん）」では南部鉄器（なんぶてっき）をつくる職人技が見学できるので、勉強になります。

　しかし、伝統的工芸品の生産額は落ち込み、1990年頃には5000億円以上あったものが、今では約1000億円。従業者数も減っています。

　職人の魂がこもった、質の高い製品に消費者が目を向けてくれればよいのですが、「大量生産・大量消費」の現代では、使い勝手のよい製品が優先されてしまうのでしょう。

　旅行に行かないから伝統的工芸品を手に入れられないと思う必要はありません。首都圏に住んでいたら「伝統工芸 青山スクエア」に行ってみましょう。東京都港区にあります。全国の伝統的工芸品が集まるショップです。勉強にもなるしおすすめですよ。

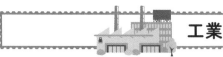

工業

工業の豆知識

新幹線の先頭部分はなめらかな形になっていますよね。よりスピードを出すためには抵抗を少なくする必要があるので、あのような形になっています。アルミの板を職人がハンマーで叩いて加工しているそうです。中小工場の職人が新幹線の「顔」をつくっているのですね。

大工場と中小工場の割合

ここでは、さまざまな工業について勉強していきましょう。

さっそくですが、問題です。日本は、大工場と中小工場のどちらの数が多いと思いますか？

イメージするのは難しいかもしれませんね。

正解は、圧倒的に中小工場です。下のグラフを見てください。

工場数は中小工場が95%以上と圧倒的に多いのですが、**働く人の数になると、中小工場が約3分の2、出荷額は大工場のほうがやや多いものの、どちらも約50%**です。

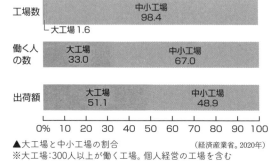

▲大工場と中小工場の割合　　　　（経済産業省。2020年）
※大工場：300人以上が働く工場。個人経営の工場を含む

この割合は、できればそのまま覚えてしまったほうがいいのですが、「つまり、どういうこと？」とグラフを見て考える習慣がつくと、もっ

といいですね。

　たとえば、「大工場の場合は、１つの工場でたくさんの人が働いている分、一工場あたりの生産額が中小工場よりかなり多いんだな」と考えられるようになってほしいです。

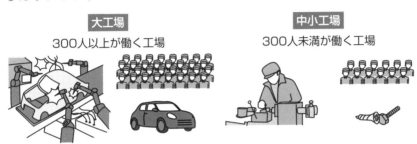

大工場と中小工場の違い

　ちなみに**「中小工場」とは、業種にもよりますが、普通は働く人が300人未満の工場のこと**を言います。ジャスト300人は含まれないということになります。

　もし試験で「中小工場は何人以下ですか？」と質問されたときには、「299人以下」と答えましょう。ここは間違えないよう気をつけてくださいね。

中小工場が抱える厳しい現実

　では、次の問題です。中小工場と大工場、経営が不安定なのはどちらでしょうか？

　答えは**中小工場**です。設備が小さく、資金も少ないので大変です。少しでも注文が減ってしまうと大打撃を受け

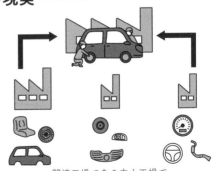

関連工場である中小工場でつくった部品を大工場で組み立てる

てしまいますよね。そのため多くの中小工場は、仕事を得るために大工場の下請けをしているのです。

6章の自動車工業のところで勉強した組立工場（124ページ）が大工場だとすると、その**関連工場は中小工場**です。

近年では、海外企業との価格競争が激しくなっているので、大工場は少しでも、ものづくりの費用をおさえようとします。
すると中小工場でつくる部品の値段が下がってしまったり、そもそも海外の工場に仕事をとられてしまったりすることもあるのです。

本書を勉強していくと、「日本の将来は暗いな…」とこちらの気持ちまで暗くなってきそうですが、これが現実…。
でも、目の前の現実をしっかりと受け入れて、そこからどうしていくかを考えていくしかありません。

中小工場の中には、高い技術力を持っているところもあります。
日本ならではのよさを世界にアピールしていくなど、まだまだできることがあるはずです。

伝統工業を守る伝統マーク

「わが家は生活の中で伝統的工芸品ばかり使っています」という人はいますか？
最近は、工場で大量に生産された、安くてしっかりした製品を使っているというご家庭が多いのではないでしょうか。

この状況が続くと、伝統ある製品が今後ますますつくられなくなってしまいます。でも、それではよくないということで、**経済産業省**が伝統的工芸品を指定するという制度ができました。

「〇〇焼は伝統的工芸品ですよ～！」とアピールするのです。

指定された品には、**伝統マーク**がつけられています。

▲伝統的工芸品の証である伝統マーク

伝統的工芸品の場所と名前を覚えよう

さて、この伝統的工芸品ですが、とにかく覚えるしかありません。

試験に出るのも、場所と名前だけです。たまに写真で選ばせるものもありますが、南部鉄器などの見た目でわかりやすいものばかりです。

「九谷焼と備前焼と益子焼をそれぞれ選びなさい。ただし見た目は似ていますが、ニセモノの場合もあります」という問題が出ても、解けるわけがありませんよね。

「うん、このきらびやかな感じは九谷焼です」なんてうっとり言う小学生がいたら、ちょっと驚いてしまいます。

…というわけで、ここはがんばって覚えましょう。

押さえておいたほうがいい順に、Aからランク付けをしておきます。

A	有田焼（佐賀県）、清水焼（京都府）、信楽焼（滋賀県）、九谷焼（石川県）、本場大島つむぎ（鹿児島県）、西陣織（京都府）、加賀友禅（石川県）、小千谷ちぢみ（新潟県）、輪島塗（石川県）、会津塗（福島

A	県）、津軽塗（青森県）、南部鉄器（岩手県）、博多人形（福岡県）、熊野筆（広島県）、土佐和紙（高知県）、宮城伝統こけし（宮城県）、天童将棋駒（山形県）、大館曲げわっぱ（秋田県）
B	唐津焼（佐賀県）、萩焼（山口県）、常滑焼（愛知県）、益子焼（栃木県）、久留米がすり・博多織（福岡県）、京友禅（京都府）、十日町がすり（新潟県）、伊勢崎がすり・桐生織（群馬県）、結城つむぎ（茨城県）、飛騨春慶塗（岐阜県）、丸亀うちわ（香川県）、越前和紙（福井県）、高岡銅器（富山県）、琉球びんがた（沖縄県）
C	堺打刃物（大阪府）、伊賀くみひも（三重県）、瀬戸染付焼（愛知県）、金沢箔（石川県）、二風谷アットゥシ（北海道）

▲覚えておきたい伝統的工芸品

8

さまざまな工業と公害

地図には、伝統的工芸品の場所とその名前を載せています。

こんなにさまざまな伝統的工芸品があるんだね

できればその場所を訪れたときに、安いものでいいので1つ買っておきましょう。

忘れられない思い出になって、大切なポイントを覚えられますよ。

公害

公害の豆知識

富山県には県立のイタイイタイ病資料館があり、病気のおそろしさや克服した過程を学ぶことができます。じつは、汚染された土はなくなっていません。汚染土の上に土を乗せ、さらにその上に耕作用の土を乗せるという地道な作業を続けて安全な農地にしたのです。一度汚染されると、どれだけ大変か考えさせられます。

日本の公害問題

公害と言えば、空気や水の汚れ、騒音など…いろいろありますね。

公害は、決して一部の地域だけの問題ではありません。みなさんのまわりでも起こっているはずです。たとえば、もし夜に大声でさ

空気や水を汚す公害

わいでいる人がいたら、それも公害のようなものですよね。

さて、日本で公害問題が深刻になったのは、**1955年から1973年にかけての**高度経済成長期です。工場が次々とできて、道路もつくられ、車が多く走るようになりました。

より豊かな国になろうとして、環境のことをあまり考えてこなかったのが原因の1つでしょう。日本は戦争で負けたあとの貧しさも経験していますから、豊かになることのほうが優先されてしまったのですね。

大都市で発生する、光化学スモッグやダイオキシン

東京都などの大都市では、自動車の排気ガスと太陽の光によって光化学スモッグが発生しました。今でも「光化学スモッグ注意報」が出されることがあります。

また、**プラスチックなどを低温で燃やしたときに発生するダイオキシンは、「人類がつくり出した最悪・最強の毒物」**と呼ばれることもあります。

四大公害病

次の地図には、四大公害病が発生した場所を載せています。

場所だけでなく、それぞれの公害病の名前や症状、原因についてもよく試験に出題されています。

それぞれ、しっかり覚えておいてください。

第二水俣病
イタイイタイ病
四日市ぜんそく
水俣病

▲四大公害病の発生場所

公害病名	発生地域	原因
水俣病	熊本県水俣市	化学肥料工場の排水に含まれていた有機水銀
イタイイタイ病	富山県神通川流域	神岡鉱山から出された**カドミウム**
四日市ぜんそく	三重県四日市市	石油化学コンビナートからの煙に含まれていた二酸化硫黄（亜硫酸ガス）
第二水俣病（新潟水俣病）	新潟県阿賀野川流域	化学工場から流れ出た有機水銀

少し短いけれど、
8章はここまで。
次は、いよいよ
ラストの9章だよ！

9章　貿易

　日本からアメリカやタイなどへの輸出品の項目を見ると、自動車部品が上位にあります。アメリカに自動車を輸出するのなら理由はすぐにわかりそうですよね。そう、売るためです。

「自動車部品も海外企業に売っているのかな？」と思ったかもしれませんが、それだけではありません。日本の自動車会社の海外工場に部品を供給しているのです。組立は利益を出すために土地や人件費が安いアジアで行い、また貿易摩擦を回避するためにも実際に売るアメリカでも行いますが、部品まで海外で全部そろえるのは難しいそうです。小さくて細かいものだから、技術力が必要なのです。

　主な輸入品の輸入先の順位は暗記しましょう。これは入試にもよく出てきますし、覚えているかどうかで差がつきます。貿易港の輸出入の品目はただ暗記するのではなく、地域の特色とつなげて考えましょう。

「なぜ、名古屋港や横浜港では自動車や自動車部品の輸出が多いのか？」──それは愛知県には豊田市、神奈川県には横須賀市があるからですよね。自動車工業がさかんな都市に近いから輸出品目にも影響しています。「なぜ」を考えたうえで暗記できるといいですね。

日本の貿易

土地と人件費が安いと言われる中国ですが、最近は経済発展に伴って人件費も上がってきました。そこでベトナムなど、より人件費が安い国に工場をつくる動きが加速しています。ユニクロの製品でもベトナム製やバングラデシュ製をよく見かけますよ。

輸出入品の移り変わり

9章は日本の貿易について解説していきますよ。時代によって、輸出品も輸入品もかなり変わっています。まずは表を見てみましょう。

● 1934〜36年 平均

輸出		輸入	
繊維品	57.6%	繊維原料	39.8%
機械類	3.1%	石油	6.2%
魚介類	2.9%	鉄鋼	4.5%

● 1970年

輸出		輸入	
機械類	22.7%	石油	14.8%
鉄鋼	14.7%	機械類	9.1%
繊維品	12.5%	木材	8.3%

● 2021年

輸出	
機械類	38.1%
自動車	12.9%
鉄鋼	4.6%

輸入	
機械類	25.1%
石油	10.7%
液化ガス	5.9%

　表は、金額面で上位の輸出入品目を載せています。1930年代、日本がまだ戦争をしていた頃は、繊維品の輸出がさかんでした。繊維工業は日本の工業の中心だったのです。

　ところが、戦後の1970年になると、機械類が輸出品のトップに代わっています。

日本は外国から原材料を輸入し、それを加工して、工業製品を輸出するという加工貿易を行ってきました。

「資源がなくても、資源そのものを輸入して製品をつくって売ればいい

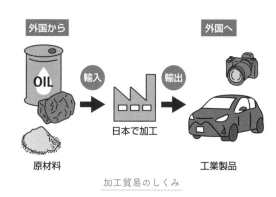

加工貿易のしくみ

じゃないか」という発想から生まれた工業の形態です。

　そんな中、最近では輸出品だけでなく輸入品も機械類が多くなってきたのです。

　それはいったい、なぜでしょうか？　答えを考えてみてください。

日本の産業の空洞化が進む、現在の輸出入

では、正解です。

日本の企業が、<u>加工貿易</u>を行うより、土地の値段や人件費が安い<u>中国</u>や<u>タイ</u>などの<u>アジア諸国</u>に工場をつくって、生産するようになったからです。

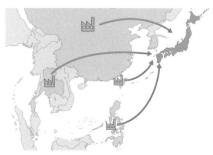

現地生産での逆輸入が増えている

これを<u>現地生産</u>と言います。そして、現地生産を行って、その製品を日本に輸入することを<u>逆輸入</u>と言います。

この動きによって、**日本の工業が衰える「産業の空洞化」**が進んできたのです。

日本の主な輸出品・輸出先と輸入品・輸入先

日本の主な輸出品と輸出先、輸入品と輸入先を表にしました。

金額面で上位の国を載せています。絶対に覚えてほしいところを赤字にしたので、確認してみましょう。

● 輸出品と輸出先

	自動車
1位	**アメリカ**

	半導体等電子部品
1位	中国
2位	（台湾）

 原油	
サウジアラビア・アラブ首長国連邦	

液化天然ガス	
1位	オーストラリア
2位	マレーシア

石炭	
1位	オーストラリア
2位	インドネシア

鉄鉱石	
1位	オーストラリア
2位	ブラジル

衣類	
1位	中国
2位	ベトナム

輸出品よりも輸入品を覚えよう

　輸出品より輸入品のほうが、覚えることがたくさんありますよ。

　では、説明していきます。

　原油や液化天然ガス、石炭、鉄鉱石についてはもう勉強しましたよね。

　石炭は重さベースか、金額ベースかで順位が変わることがあります。上の表は金額ベースの順位ですが、2位までしっかり覚えていれば、重さ、金額のどちらで出題されても大丈夫です。

衣類の輸入は、土地代や人件費が安いアジアから ………

　衣類は、1位が<u>中国</u>です。やはり安くつくることができるのですね。有名な大手衣料品店の「ユニクロ」。その製品の多くは中国でつくられています。

　自分が着ている服を見てみてください。きっと、「Made in CHINA」と書いてある服が一着はあるはずです。

　塾の授業のときに生徒のみなさんに聞いてみると、半数以上が中国製の洋服で、日本製の服を着ている人はあまりいません。それだけ中国製の商品が多いということですね。

　右図を見ると**ベトナムもアジアの国で、<u>土地</u>や<u>人件費</u>が安い**のがわかります。

　輸入先上位の国はアジアですが、以前はイタリアが輸入相手先の上位にいました。大人の女性なら想像しやすいかと思いますが、高級ブランド品はイタリアのものが多いのです。

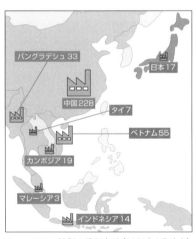

▲ユニクロの縫製工場所在地（2023年3月時点）

バングラデシュ 33
日本 17
中国 228
タイ 7
ベトナム 55
カンボジア 19
マレーシア 3
インドネシア 14

日本の貿易に欠かせない中国とアメリカ ………

　他に表に載っていないもので重要なのは、**魚介類の輸入相手先は<u>中国</u>が1位**ということ。**野菜も<u>中国</u>が1位**でしたね。

押さえておきたい貿易相手国

全体で見ても、**輸入額の１位は中国**、**輸出額１位はアメリカ**です。貿易総額は中国が１位を占めています。

他に押さえておきたいのは**自動車の輸入相手先**です。**１位はドイツ**。ドイツ車と言えば、ベンツやＢＭＷが有名ですよね。

自由貿易と保護貿易

最後に、**自由貿易**と**保護貿易**について話をしておきましょう。これからもニュースで見かけることがあると思いますし、試験にも出題されるはずです。

まず、自由貿易とは何でしょうか。これは**関税（輸入のときにかかる税金）**など、貿易の邪魔になるものをなくして、自由に貿易できるようにしようというものです。

一方、保護貿易は反対の意味を持っています。**高い関税をかけたりして、輸入の数量も限定する**貿易のことです。

関税を
よこせー！！

輸入での関税をかけないのが「自由貿易」、
高い関税をかけるのが「保護貿易」

これだけ読むと、「保護貿易なんてケシカラン！」と思うかもしれ
ませんが、もし米の関税をなくしてしまったら、日本の稲作をしてい
る農家の多くは生活が苦しくなるので、ひと言でダメとは言いきれな
いのです。

　では、日本の米の関税はどれくらいだか知っていますか？
　日本では、米は重さに対して関税がかけられていて、1kgあたり
341円。多いか少ないかわからないって？
　そうですね、ではこれを日本が関税化を始めた1999年当時の世界
の米1kgの価格およそ44円で割ってみると……778％の関税になり
ます。
　たとえば100％の関税をかけたら、値段が2倍になりますので…単
純計算で値段は8倍以上になってしまいます。まさに保護貿易ですね。
その後、世界の米の価格が上がっていますが、それでもなお3倍近い
関税がかけられています。日本はこうして国内の農家を守っているの
です。

日本の農家を守るために
高い関税をかけているのか

日本の貿易の窓口、貿易港

最後に貿易港について説明します。

まず貿易額の**総額では、成田国際空港が1位**であることを覚えておきましょう。「えっ？ 貿易『港』なのに、成田国際空港ってどういうこと？」と思った人もいるかもしれませんね。空港は、空の「港」。ですから、貿易港には空港も含まれるのです。

ちなみに、**集積回路や精密機械といった高価で小さく軽いものは飛行機で輸送されるのが一般的**です。輸送費のかかる飛行機で運んでも採算がとれる（赤字にならない）からです。

名古屋港や横浜港は自動車の輸出が多いですね。自動車産業がさかんな都市が近くにあるのです。名古屋港の近くには豊田市、横浜港の近くには横須賀市があります。この2つを見分けるとしたら割合や金額です。自動車と自動車部品のセットで見たときに、明らかに名古屋港の割合が大きくなっていますし、輸出金額も名古屋港の方が多いですよね。「トヨタはすごい」と覚えておくとよいでしょう。

東京港は衣類の輸入、神戸港はたばこの輸入が多いことを覚えておくと見分けることができるでしょう。

●主な貿易港ごとの輸出入品 (2021年)

成田国際空港

輸出品目	%	輸入品目	%
半導体等製造装置	9.1	医薬品	15.9
精密機器	6.4	通信機	13.8
金（非貨幣用）	5.6	集積回路	9.0
128,215億円		161,145億円	

名古屋港

輸出品目	%	輸入品目	%
自動車	23.1	液化ガス	7.7
自動車部品	16.8	石油	6.9
内燃機関	4.1	衣類	5.8
124,805億円		52,892億円	

東京港

輸出品目	%	輸入品目	%
半導体等製造装置	7.6	衣類	7.5
プラスチック	4.8	コンピュータ	5.3
64,938億円		122,281億円	

横浜港

輸出品目	%	輸入品目	%
自動車	16.8	石油	9.0
自動車部品	5.2	アルミニウム	4.0
72,255億円		49,870億円	

神戸港

輸出品目	%	輸入品目	%
プラスチック	7.2	たばこ	7.9
建設用・鉱山用機械	6.5	衣類	7.3
58,960億円		35,862億円	

以上で9章も終わりです。時代によって輸出品も輸入品もかなり変わっていますよね。日本は資源に乏しい国ですが、工夫して利益をあげてきたことを学ぶことができたのではないでしょうか。日本国内の産業が衰える「産業の空洞化」が進んでいることなど将来には不安もありますが、これまでの工夫を学んで、これからに活かすことができたらいいですよね。

9章では表がたくさん出てきました。数字や国名、品目をただ暗記するのではなく、少しでも「なぜ?」「どうして?」という理由とつなげて覚えていくと、さまざまな問題に対応できるようになるでしょう。

『改訂版 合格する地理の授業
日本の産業編』はこれでおしまい。
どうだったかな?
試験で役立つのはもちろん、
大人になっても生きる知識が
身につくことを願っているよ!

索引

松本亘正（まつもと・ひろまさ）

1982年福岡県生まれ。中学受験専門塾ジーニアス運営会社代表。ラ・サール中学高校を卒業後、大学在学中にジーニアスを開校。現在は東京・神奈川の8地区に校舎がある。開成、麻布、駒場東邦、女子学院、筑波大附属駒場など超難関校に合格者を毎年輩出。中学受験だけでなく、高校・大学受験時、就職試験時、社会人になっても活きる勉強の仕方や考える力の育成などに、多くの支持が集まっている。日本テレビ系ドラマ『二月の勝者』監修。また、家庭教師のトライの映像授業「Try IT」の社会科を担当し、早くからオンライン指導に精通。塾でも動画配信、双方向Web授業を取り入れた指導を展開している。主な著書に、『合格する歴史の授業 上巻／下巻』『合格する算数の授業 図形編／数の性質編』『合格する国語の授業 物語文入門編／説明文・論説文入門編』『合格する国語の授業 物語文 得点アップよく出る感情語＆パターン編／説明文・論説文 得点アップよく出るテーマ編』(実務教育出版)がある。

中学受験 「だから、そうなのか！」とガツンとわかる

改訂版 合格する地理の授業 日本の産業編

2023年7月20日 初版第1刷発行

著 者	松本亘正
発行者	小山隆之
発行所	株式会社 実務教育出版

〒163-8671 東京都新宿区新宿1-1-12
電話 03-3355-1812（編集） 03-3355-1951（販売）
振替 00160-0-78270

印刷／株式会社文化カラー印刷 製本／東京美術紙工協業組合